KB268288

리더를 위한
시츄에이션 유머

리더를 위한
시츄에이션 유머

엮은 이 · 김현진
펴낸 이 · 임종대
펴낸 곳 · 미래문화사

초판 1쇄 인쇄 · 2006년 3월 29일
초판 1쇄 발행 · 2006년 4월 3일
     2쇄 발행 · 2006년 8월 3일
     3쇄 발행 · 2009년 1월 20일

등록 번호 · 제3-44호
등록 일자 · 1976년 10월 19일
주소 · 서울시 용산구 효창동 5-421 1F
전화 · 715-4507 / 713-6647
팩시밀리 · 713-4805

E-mail · miraebooks@korea.com
        mirae715@hanmail.net

ⓒ2006, 미래문화사
ISBN 89-7299-319-0 03810

리더를 위한

시츄에이션 유머

김현진 엮음

미래문화사

유머로 건강하고 유쾌한 사회를

유머는 남녀노소, 동서고금, 지위 불문하고 누구나 즐길 수 있는 축복받은 언어다.

누구나 자유롭게 즐길 수 있는 유머!

근래에 들어 이 유머의 가치가 재평가되어 크게 부상하고 있다.

전문가들은 유머가 인체에 미치는 영향에 대해서 생리의학적으로, 심리학적으로 연구하여 구체적 수치로까지 제시하고 있다.

이제 유머는 처갓집 장독가에 굴러다니는 돌멩이 신세가 아니다. '있어도 그만, 없어도 그만'이 아니라 절대 유용하게 쓸 수 있는 고부가가치의 전문분야로 인정받고 있다.

일찍이 큰 정치가나 전략가, 기업가일수록 유머를 즐겨 썼으며, 그 중에는 아예 유머매니아였던 사람도 많다. J. 와이스라는 사람도 그 중에 하나다. 그의 말 중에 유머의 속성을 적확하게 꼬집어 낸 말이 있다.

'유머란 희롱의 배후에 감추어진 엄숙함이다.'

한자성어로 하면 언중유골言中有骨이요, 우리 속담으로 하면 '웃음 속에 칼'이 있다는 뜻이다. 유머가 촌철살인의 힘과 상황을 반전시킬 수 있는 능력을 가지고 있음을 지적한 말이다.

필자가 앞서 펴낸 《웰빙유머》에서 언급했듯이 유머의 역할은 참으로 다양하다.

　기분을 즐겁게 전환시켜 심신 모두의 건강을 증진시켜 주고, 대화에서 상대방에게 친근감을 주어 인간관계나 상담을 성공적으로 이루게 해준다. 또 활용하기에 따라서는 어려운 난제도 쉽게 이해시켜 해결할 수 있으며, 깊은 인상을 주어 오래 기억하게 해준다.

　유머는 음식에 비유하면 간을 맞추고 맛을 돋궈주는 간장이요, 양념이다.

　지루하고 딱딱한 대화나 강의도 유머가 곁들여지면 재미있고, 기억인자를 자극시켜 그 효율을 극대화시킨다. 품격 있고 고상하며 상황에 맞는 유머를 구사하면 그 효과는 상상 외로 대단하다. 젊은이들에게는 센스와 재치로 작용하여 생기발랄한 느낌을 주고, 나이 든 사람에게는 중후한 인격과 여유로움을 느끼게 해준다.

　특별한 자본이나 큰 노력 없이도 유용하게 쓸 수 있는 유머!

　이 좋은 유머를 ·모두가 즐겨 사용함으로써 건강하고 유쾌한 사회가 되었으면 하는 것이 엮는이의 소망이다.

2006년 3월

김현진

애인에게 해서는 안될 말 십계명

1. 너밖에 없다!

→ 엄청난 부작용으로 치명적인 병을 유발할 말이다. 일차적으로 서서히 간덩이가 붓기 시작하고, 콧대가 높아지면서 얼굴도 점점 두꺼워져 종래에는 철면피가 된다.

"넌 이럴 때가 좋다!"를 권장하는 바이다.

2. 하늘만큼 땅만큼 사랑해!

→ 이것 또한 전쟁이나 호랑이 또는 마마보다 무서운 말로서 첨에는 엄청 기뻐하는 듯하다가도 나중에는 '에게! 이것밖에 안 돼!'로 전락하여 하늘과 땅 알기를 한겨울에 어깨에 내려앉는 비듬 정도로 격하시키게 된다.

"하늘도 알고 있을 만큼 사랑해!"를 권장하는 바이다.

3. 담에 꼭 사줄게!

→ 안 된다. 담에 사준다고 하면 그 날만 죽도록 눈 빠지게 기다린다. 음식 끝에 마음 상한다고 늦게 사주면 늦게 사준다고 마음 상하고, 안 사주면 안 사준다고 개기게 된다.

'꼭'이란 말은 삼가하고 "능력 되면 사줄게!"를 권장하는 바이다.

4. 꼭 내 꿈꿔야 돼!

→ 그렇다. 벌써 눈치를 챈 분이 있을 줄 안다. 이 역시 사이가 좋을 땐 더없이 좋은 꿈이 될 수 있다. 그러나 싸우고 난 후라던가, 꼴 보기 싫을 땐 꿈에 나올까 두려워 불면증을 유발하게 된다.
"잘 자!"를 권장하는 바이다.

5. 우리 심심한데 뽀뽀나 할까?

→ 뽀뽀가 무신 심심풀이 땅콩입니까? 이건 정말 큰일날 말이다. 지금이야 좋으니깐 그렇다 치고 나중에 진짜 심심할 땐 할말이 없게 되고, 뽀뽀 알기를 발바닥의 굳은살 정도로 우습게 여기게 되는 아주 치명적인 말이다.
"우리 뽀뽀하면서 입 크기 함 재보자!"를 권장하는 바이다.

6. 넌 웃을 때가 젤 예뻐!

→ 아~ 정말 큰일 날 말이다. 소문만복래란 말이 있지만 이 역시 엄청난 부작용이 있다. 초상집에 가서 예뻐 보이려고 허파에 바람 들어간 것처럼 웃으면서 지랄하는 증상이 생긴다.
"웃을 때가 인상 구길 때보다는 나은 것 같아!"를 권장하는 바이다.

7. 내가 다할게!

→ 어림 반 푼어치도 없는 말이다. 쌍코피를 흘려보지 않은 사람은 잘 모른다. 자기가 다한다는 건 참으로 엄청난 파워가 요구된다.

부작용으론 손 안대고 코풀려는 증상이 생긴다.

"돕고 사는 게 좋은 거야!"를 권장하는 바이다.

8. 내가 책임질게!

→ 이 무시기 큰일 날 말입니까? 배 째라 정신과 무대뽀 정신을 키워
주는 결정적인 말이다. 처녀가 애를 배고 배 째는 무책임한 배짱
과 애인 믿고 셔터맨 하는 무대뽀 오기도 여기서 나왔다.

"우리 각자 책임지는 거야!"를 권장하는 바이다.

9. 먹는 게 남는 거야!

→ 크나큰 착각의 말이다. 뭐가 남는단 말인가! 절대 남는 게 없다.
나중엔 먹는 게 남는 거라고 당신을 잡아먹으려고 덤빌 것이다.

"먹을 땐 먹고 아낄 땐 아끼자!"를 권장하는 바이다.

10. 너 없이는 못살아!

→ 아무리 빈말이라도 이렇게 무책임하고
위험천만한 말을? 사이가 좋을 때는 애
정표현으로 들리겠지만 안 좋을 때는 정
말 황당한 경우가 생긴다.

"너 땜에 요즘은 쬐금 살 맛 나!"를 권장
하는 바이다.

마누라를 가장 행복하게 죽일 수 있는 십계명

1. 귀에다 대고 "사랑해"소리를 꽥 질러보세요. → 귀 터져 죽습니다.

2. 그윽한 눈으로 쳐다만 보세요. → 호수 같은 눈에 확 빠져죽습니다.

3. 매일 매일 웃겨보세요. → 배꼽 잃고, 턱 빠져 죽습니다.

4. 뽀뽀만 해주고 키스는 해주지 말아 보세요. → 애가 타서 죽습니다.

5. 잠옷을 입고 바라만 보세요. → 어이없어 죽습니다.

6. 한밤중에 아프다고 뗑깡을 부려보세요. → 잠 못 자 죽습니다.

7. 모르는 척 다른 여자의 이름을 불러보세요. → 열 받아 죽습니다.

8. 비 오는 날 집 앞에 우두커니 서 있어보세요.

    → 깜짝 놀라 죽습니다.

9. 일주일에 한번씩만 만나세요. → 보고싶어 죽습니다.

10. 이래도 안 죽거든 평생 함께 행복하게 사세요. → 늙어 죽도록.

남편을 빨리 죽일 수 있는 십계명

- 하버드대학교 진 메이어 교수가 발표한 방법.

1. 모든 음식은 최대한 짜게 해서 먹여라.

→ 동맥경화나 고혈압으로 쓰러질 것이다.

조언 : 중국산 소금은 염도가 떨어지고, 죽염은 비싸기만 하고 효과가 없다. 굵은 국산 소금이
　　　최고다. 넘어갈 기미가 안 보이면 밥에도 넣어본다.

2. 매일 아침 달걀 후라이를 3-4개씩 먹여라.

→ 달걀은 콜레스테롤 덩어리라서 심근경색을 유도할 수 있다.

조언 : 슈퍼마켓 주인한테 미리 귀띔해두거나, 큰 양계장을 물색해 별도의 계약을 맺으면 노른
　　　자가 두 개씩 든 쌍 알도 구할 수 있다.

3. 기름기가 충분한 고기와 흰 설탕이 듬뿍 든 디저트를 자주 먹여라.

→ 비만과 당뇨병, 심장병에 직빵이다.

조언 : 돈이 아까울 경우에는 사료용 우지, 공업용 돼지비계 등을 활용하면 저렴한 비용으로 효
　　　과를 극대화할 수 있다.

4. 커피나 홍차를 수시로 먹이되 흰설탕을 듬뿍 넣어라.

→ 흰설탕은 혈액을 산성화시킨다. 곧 칼슘이 부족해져 뼈가 쉽게 부
　　러진다. 커피나 홍차의 상습 음용은 지방간과 심근경색의 원인이
　　된다.

조언 : 재래시장에 가면 엄청 큰 머그컵을 구할 수 있다. 그걸로 성에 안 차면 남는 사발을 활용
　　　하거나 근처 호프집에서 하나 훔쳐다 써라. 큰 일을 위해서는 작은 쪽팔림은 눈감아라.

5. 술을 자주 권하라.

→ 술은 혈중 중성지방을 증가시킨다.

조언 : 집에서 먹는 꼴을 보기 싫으면 돈 줘서 밖에서 먹고 오게 한다. 술 또라이가 되어서 어
디가 맞아 죽는 의외의 효과를 얻을 수 있다.

6. 흡연을 적극 권장하라.

→ 하루 세 갑 이상 피우게만 하면 연
탄가스 중독효과가 있다.

조언 : 경제적 사정을 이유로 값싼 걸 많이 사다 놓
는다. 잠잘 때 콧구멍에도 넣어보고, 가끔 내
용물을 비운 후 연탄가루도 집어넣어 보자.

7. 늘 빈둥빈둥 누워 있게 하고 걷지
못하게 하라.

→ 다리와 허리를 약화시키는데 좋다.

조언 : 음. 그렇게 하면 아쉬운 것 한 가지는 있을 것이다. 그건 참을 각오해야 된다. 그것을 해
결할 방법은 모른다.

8. 밤에 잠을 못 자게 하여 늦게 자는 습관을 키우도록 유도해라.

→ 이렇게 하면 매일 고문하는 효과를 본다.

조언 : 잠을 못 자게 하는 방법은 여러 가지가 있다. 즐거워서 잠 못 자게 하는 방법을 택하면
절대로 안 된다. 삶의 의욕이 강해지거나, 당신의 명이 짧아질 수 있다.

9. 휴가여행을 금지하여 스트레스가 빠져나가지 못하게 하라.

→ 빠져나가지 못하면 터질 수밖에 없다.

조언 : 정 가겠다고 우기면 혼자 보내라. 미리 자동차 타이어 나사를 조금 풀어놓던가, 술이라도

10. 돈과 아이 문제로 조석으로 바가지를 긁어라.

→ 열 번 찍어 안 넘어가는 나무는 없다. 당장 효과는 없지만 장기간 쌓이면 넘어가게 되어 있다.

조언 : 당신이 좀 피곤할 수도 있지만, 가장 저렴하므로 일반에게 널리 사용되는 방법이다. 위에 언급한 방법들과 섞어서 활용하면 효과 만점이다.

오늘 저녁 식사 준비할 때 음식의 간 한번 다시 보세요. 소금도 좀 더 팍팍 뿌리고, 밥 속에 흰설탕도 꿈쳐 넣어두고, 뭐, 안되면 잠잘 때 어거지로 입을 벌려서 털어 넣던가!

당신의 남편, 우리 아빠들. 큰소리치며 사는 거 같아도 알고 보면 불쌍할 때 많습니다. 평균 수명 다섯 살만 늘려줍시다. 당신이랑, 자식들이랑 좀더 오래오래 행복할 수 있게.

멋있는 사람이 되기 위한 십계명

1. "할 수 있습니다."하고 긍정적인 사람이 되어라.

2. "제가 하겠습니다."하고 능동적인 사람이 되어라.

3. "무엇이든지 도와드리겠습니다."하고 적극적인 사람이 되어라.

4. "기꺼이 해 드리겠습니다."하고 헌신적인 사람이 되어라.

5. "잘못된 것은 즉시 고치겠습니다."하고 겸허한 사람이 되어라

6. "참 좋은 말씀입니다."하고 수용적인 사람이 되어라.

7. "이렇게 하면 어떨까요?"하고 협조적인 사람이 되어라.

8. "대단히 고맙습니다."하고 감사하는 사람이 되어라.

9. "도울 일 없습니까?"하고 베푸는 사람이 되어라.

10. "이 순간 할 일이 무엇일까?"하고 일을 찾아 하는 사람이 되어라.

웃음의 테크닉 십계명

1. 힘차게 웃으며 하루를 시작하라. → 활기찬 하루가 펼쳐진다.

2. 세수할 때 거울을 보고 미소를 지어라.

   → 거울 속의 사람도 나에게 미소를 보낸다.

3. 밥을 그냥 먹지 말라. → 웃으며 먹고 나면 피가 되고 살이 된다.

4. 모르는 사람에게도 미소를 보여라.

   → 마음이 열리고 기쁨이 넘친다.

5. 웃으며 출근하고 웃으며 퇴근하라. → 그 안에 천국이 들어있다.

6. 만나는 사람마다 웃으며 대하라. → 인기인 1위가 된다.

7. 꽃을 그냥 보지 말라. → 꽃처럼 웃으며 감상하라.

8. 남을 웃겨라. → 내가 있는 곳이 웃음천국이 된다.

9. 결혼식에서 떠들지 말고 큰소리로 웃어라.

   → 그것이 축하의 표시이다.

10. 집에 들어올 때 웃어라. → 행복한 가정이 꽃피게 된다.

좋은 친구 만들기 십계명

1. 자기 자신을 사랑해라.

2. 상대의 입장이 되어 생각해라.

3. 가까울수록 예의를 갖추어라.

4. 적게 말하고 많이 들어라.

5. 말과 행동을 일치시켜라.

6. 겸손하되, 자신의 뜻을 분명히 밝혀라.

7. 완벽한 사람이 아니라 솔직한 사람이 되어라.

8. 사랑을 얻으려면 자존심을 버려라.

9. 상대의 장점을 먼저 칭찬하고, 그 다음에 단점을 지적해라.

10. 원하지 않는 사람과 억지로 사귀려고 애쓰지 마라.

초보운전임을 알리는 문구들

◆ 와봐!

◆ 첫 경험

◆ 박지마!

◆ 조폭 운전!

◆ 오빠~ 살살

◆ 원초적 운전

◆ R아서 P하슈

◆ 형님들 존경합니다

◆ 속 타믄서 막 타는 넘

◆ 내 그림자 밟지 마세유~

◆ 좌우 백미러 전혀 안 봄!

◆ 집으로 밥하러 가는 길입니다

◆ 미치겠쥬? 지는 환장하겠시유~

◆ 깝죽대는 차 들이박고 면허 취소 중

◆ 건들지마! 이러는 나는 더 답답해

◆ 열 받으면 내려서 니가 내 차 운전해!

◆ 어머! 이 글씨가 보이세요? 그럼 지금 바로 떨어지세요.

◆ 운전은 초보! 마음은 터보! 건들면 람보! 가까이 붙으셨어요.

티코와 그랜저

티코를 운전하는 아줌마가 빨간 신호등이 들어오자 차를 멈추고 기다리고 있었다. 그런데 옆에 선 그랜저에 탄 아줌마가 껌을 짝짝 씹으며 물었다.

"언니~ 그 티코 얼마 주고 샀어?"

티코 아줌마는 속으로 '별꼴을 다 보겠네' 라고 생각하며 무시하고 출발하였다.

다음 사거리에서 빨간 불이 들어와 또 멈춰 서 있는데 계속하여 따라온 그랜저 아줌마가 또 물었다.

"언니~ 그 티코 얼마 주고 샀냐니깐."

티코 아줌마는 또다시 무시하고 출발하였다가 다음 신호등에 걸려 멈추자 그랜저 아줌마가 또 따라와 옆에 멈춰 서며 다시 물었다.

"언니~ 그 티코 얼마 주고 샀냐고 물어봤지?"

뿔대가 솟은 티코 아줌마.

"야이 가시네야~! 벤츠 사니까 덤으로 껴주더라."

벤츠와 티코

고속도로에서 벤츠와 티코가 부딪쳤다.

벤츠는 살짝 긁히기만 했으나 티코는 형편없이 찌그러졌다. 티코 주인은 화가 나서 소리쳤다.

"당신이 잘못한 거니까 당장 내 차값 물어내시오."

그러자 벤츠 주인이 찌그러진 티코를 보면서 대수롭지 않게 말했다.

"뒤에 있는 배기통에 입을 대고 쎄게 불어봐. 아마 쫘~악 펴질 거야."

그리고는 횡하니 가버렸다.

티코 주인은 '뭐 저런 ○끼가 있어' 라고 중얼거리며, 배기통에 입을 대고 후~! 후~! 불었지만 펴지질 않았다. 열 받은 티코 주인, 젖 먹던 힘을 다해 얼굴이 보라색으로 변할 때까지 불어봤지만 역시 아무 소용이 없었다. 그때 다른 티코가 옆으로 쌩~ 하고 지나가면서 운전사의 한 마디.

"그거 창문 닫고 불어야 돼요!"

바람 때문에

영수가 돈을 모으고 모아서 뽀대나고 성능이 좋다는 에쿠스를 구입하였다. 그리고 신바람을 내며 고속도로를 180km로 주행하고 있었다. 그런데 뒤에서 어떤 차가 무서운 속도로 추적해오고 있는 것이 아닌가.

'이럴 수가, 에쿠스보다 더 빠른 차가 있다니!'

영수는 속도를 220km로 올려 밟았다. 그런데도 따라오던 그 차가 앞질러 가버렸다. 자세히 보니 티코였다.

'어떻게 티코가 저렇게 빠를 수 있을까?'

영수는 그 차를 계속 따라갔다.

잠시 후 티코가 휴게소로 들어갔다. 영수는 그렇게 빨리 달린 이유에 대해서 물어보려고 따라 들어갔다. 그때 티코 주인이 담배 한 대를 피워 물면서 중얼거렸다.

"젠장! 오늘 바람 ○나게 부네!"

이런 양심 봤슈?

한 여자가 백화점 주차장에 차를 세워 두고 쇼핑을 마친 후 돌아와 보니 차 양쪽의 헤드라이트가 모두 깨져 있고, 차 옆면도 심하게 긁혀 있었다. 화가 나서 두리번거리다 보니 와이퍼에 흰 종이가 꽂혀 있었다. 여자는 '그래도 양심 있는 사람도 있구나' 라고 생각하며 읽었다.

"안녕하슈? 정말 미안하게 되었소. 내가 주차하려다가 잘못하여 그만 당신 차를 박고 말았수다. 주위의 목격자들은 지금 분명히 내가 내 이름과 주소를 쓰고 있다고 생각하고 날더러 양심적인 사람이라고 할 꺼유. 쳇! 웃기는 소리 마슈. 정말 미안하게 됐수다!"

너 같은 건...

한 중년 신사가 운전을 하다가 신호에 걸려 서 있는데 옆 차선에 나
란히 서 있는 차 안의 여자가 자기가 좋아하는 타입이었다. 혹시나 해
서 자기 차의 창을 내리고 여자에게 신호를 보냈다. 이상하게 생각한
여자가 창을 내리자 남자가 말했다.

"저기 앞에 가서 차나 한 잔 할 수 있을까요?"

여자는 아무 대답 없이 출발하였다.

다음 신호등에서 또 나란히 섰
다. 그런데 이번에는 여자가 창을
내리고 남자에게 창을 내려보라
는 신호를 보냈다. 얏호! 남자가
쾌재를 부르며 창을 내리자 여
자가 말했다.

"너 같은 건 집에도 있다."

스팸메일

1. 오빠 나야! 왜 연락 없었어? (처음에는 속았다)

2. 저, 혹시 지하 주차장에서 뵙던 분? (두 번 속았다)

3. 친구야! 나 결혼한다! (무려 세 번이나 속았다)

4. 긴급, 신종 바이러스 출현 (바이러스 같은 ○끼들)

5. Re : 문의에 대한 답변입니다. (처음에는 속았다)

6. 축하합니다. 당첨되셨습니다. (정말 안 열어볼 수 없다. 앞으로도 속아야 한다)

7. 오랜만이다. 왜 동창회 안 나오냐? (열면 모르는 여자가 옷 벗고 인상 쓰고 있다)

8. 가입만 하셔도 성인용 CD를 보내드립니다.

   (가입비 1만원에 한 달에 9,900원 내란다)

9. 오래 전부터 지켜보던 사람입니다. 이제는 고백하고 싶습니다.

   (허탈과 자괴. 그리고 분노)

10. 마지막 메일입니다. 왜 선물 안 받아가세요?

   (정말 죽이고 싶어진다. 마지막이란 말에 속는다)

채팅할 때의 웃음소리에 대한 고찰

남자

◆ 하하하 : 이렇게 웃는 남자는 성격이 호탕하여 사람 사귀기를 좋아하고, 번개해도 아무 무리가 없다.

◆ 냐하하 : 속마음까지 보여주는 솔직하며 착한 남자이다.

◆ 푸하하 : 100점짜리 웃음이라 할 수 있다. 이런 남자와는 번개로 애인사이까지 발전할 수 있다.

◆ 케케케 : 이런 남자는 조심하자. 변태적 기질이 있고 마음이 악독하다. 길거리에서 여자를 개 패듯 패는 사람들이다.

◆ 걀걀걀 : 아주아주 음흉한 남자이다. 변태적 성향까지 있다. 이런 사람하고는 절대 번개하지 말라. 만약 한 적이 있다면 당신은 스토커에게 걸린 것이다.

◆ 킥킥킥 : 야비한 사람이다. 불량배를 만났을 때 여자 내팽개치고 도망가는 놈이다.

◆ 히히히 : 장난 끼가 많은 사람이며 역시 야비하긴 마찬가지이다.

◆ 흐흐흐 : 이런 사람은 변태 이

중인격자다. 겉으론 착한 척해도 지금 당신의 팬티 색깔
이 무슨 색인지 생각하고 있다.

◆ 호호호 : 이건 남자로서 웃어야할 웃음이 아니다. 이런 사람과 번
　　　　　 개하면 여자가 모든 데이트 비용을 물어야 한다.

◆ 헤헤헤 : 이런 남자는 대개 속이 없다. 여기저기 보증 다 서주고 다
　　　　　 니는 남자다. 하루쯤 번개해서 울궈먹는 것도 어떨른지.

여자

◆ 하하하 : 이런 여자는 잘 나가긴 해도 성격은 아니다. 하루쯤은 번
　　　　　 개해도 좋을 듯...

◆ 키키키 : 이런 여자는 아주 귀여운 타입이다. 애교가 철철 넘치는
　　　　　 여자로 잘하면 애인사이까지...

◆ 호호호 : 왕 내숭쟁이다. 겉으로 보기엔 착해 보이지만 속을 들여
　　　　　 다보면 꼬리가 아홉 개 달린 불여우가 앉아 고스톱 치고
　　　　　 있다. 꽃뱀이라고 들어봤는가.

◆ 쿠쿠쿠 : 이런 여자는 아주아주 귀엽고 생기발랄하고 활동적인 여
　　　　　 성이다. 번개해도 아무 지장 없음.

◆ 히히히 : 약간 말괄량이 타입이다. 만약 번개 했는데 남자가 순뎅
　　　　　 이일 경우 이리저리 질질 끌려다녀야한다. (항상 뒤를 조
　　　　　 심하라. 언제 똥침을 찌를지 모른다)

◆ 캬캬캬 : 이런 여성은 성격이 완전 남자나 다름없다. 만약 불량배
　　　　　 가 나타나면 곧바로 이단 옆차기...

애인과 노트북의 공통점

◆ 가볍고 얇을수록 좋다.

◆ 부속장치(액세서리)를 달아줄 때마다 더 나은 성능을 제공한다.

◆ 이 정도면 됐겠지 하면 돈이 또 들어간다.

◆ 누군가 내 것을 만지고 있으면 괜히 열 받는다.

◆ 말을 안 듣는다고 때리면 100% 내 손해다.

◆ 열 받으면 빨리빨리 조심조심 식혀줘야 한다.

◆ 겉껍데기를 함부로 벗기면 낭패본다.

◆ 그러고 싶지 않아도 계속 남의 것과 비교하게 된다.

프로그래머 기도문

하드디스크에 계신 우리 프로그램이여.

패스워드를 거룩하게 하옵시고,

운영체제에 임하옵시며,

명령이 키보드에서 이루어진 것과 같이 모니터에서도 이루어지이다.

일용할 데이터를 주시옵고,

우리가 우리에게 프로그램의 오류를 용서한 것과 같이

우리의 오타를 사하여 주옵시고,

우리를 바이러스에 들게 하지 마옵시고,

다만 불시의 정전에서 구하옵소서!

대개 나라와 권세와 영광이 프로그램께 영원히 있사옵나이다.

엔터.

마우스는 입이다?

매일 밤늦게 자기 방에서 컴퓨터만 들여다보는 남편에게 불만이 많던 컴맹 아내가 하루는 남편의 뒤에서 몰래 지켜보니 남편이 야시시한 여자누드 사진을 들여다보고 있는 게 아닌가.

발끈해진 아내.

"아니, 매일 밤 뭐하나 했더니 이 여자랑 요새 매스컴에서 떠들어대는 채팅이라는 것, 그거 하는 거지?"

"아니여, 그냥 사진만 보고 있는 거여!"

"뭐를 보기만 한다는 거야? 지금 손에 쥐고 조물딱거리는 건 또 뭐야? 그게 저 여자를 주물럭거리는 거 아냐?"

"아휴~ 이 무식한 마누라쟁이야, 이건 마우스라는 거여."

"그래, 내가 아무리 무식해도 마우스는 안다. 그러니까 마우스는 입이라는 뜻이니까 니가 지금 저 여자를 물고 빤다는 거 아냐? 이 바람둥이 눔아~!"

탐색기

빌게이츠는 학창시절에 공부를 엄청 못했었다.

그러나 같은 학교의 탐이라는 그의 친구는 공부를 엄청 잘했다.

세월이 흘러 빌게이츠가 마이크로소프트사를 설립하고 엄청 떼돈을 벌었다. 그러나 학창시절에는 공부를 무지하게 잘했던 탐은 그냥 평범한 회사직원으로 남았다.

이러한 사실에 너무 화가 난 탐은 빌게이츠가 예전에는 진짜 공부도 못하는 또라이라고 소문을 내고 다녔다.

그러자 빌게이츠는 탐이 너무 싫어서 윈도우를 만들 때 그를 욕하는 프로그램 하나를 만들었다.

그 프로그램은?

'탐색기'

채팅방에서

시골에 사는 한 아저씨가 채팅사이트에 접속을 하였다.

그는 아직 채팅 초보라서 많은 사람들이 있는 방에 가면 누가 무슨 하는 말을 하는지 잘 이해가 가지 않는 상태였다. 또한 타이핑도 숙련되지 않아 분당 30여 타였는데 그중 반이 오타였다.

아저씨는 사람이 적은 방으로 접속을 시도했다.

그 방에서는 두 명의 남녀가 대화하고 있다가 그가 들어가자 어색한 분위기가 감돌았다.

아저씨는 일단 '저녁 먹었어요?' 라고 타이핑을 하고 엔터 키를 눌러 글을 날려보냈다. 그러자 방장으로부터 곧바로 강퇴를 당했다.

그가 띄운 글.

"저년 먹었어요?"

일본에 회사가 있는 한국인 사장이 일본아가씨를 비서로 채용했다.

여비서가 근무를 시작한 첫날, 사장의 조카로부터 전화가 왔다.

여비서 : 모시모시~

사장 조카 : 안녕하세요? 사장님 계세요?

여비서 : (서투른 한국말로)지금 외출 중이다(라) 자리가 없는데요.

사장 조카 : 네... 그럼 조카한테 전화 왔었다고 전해주세요.

여비서 : 하잇~ 아참... 네 네!

잠시 후 사장이 들어오자 여비서가 보고했다.

"사장님... 존나왔는데요. 조까시레요. (전화 왔는데요. 조카시래요.)"

사장은 혹시 바지 지퍼가 내려가 있었나 싶어서 급히 화장실로 달려갔다. 그리고 확인을 해보니 아무런 이상이 없었다.

안도의 한숨을 쉬고 기왕 화장실에 왔으니까 손이나 씻고 나가자는 마음에 비누로 손을 씻었다. 그런데 문밖에서 기다리던 여비서의 기절초풍할 한 마디에 사장은 쓰러지고 말았다.

"사장님, 존내 나네요.(좋은 냄새 나네요.)"

시골처녀 영자가 애인이 복무하는 최전방으로 면회를 갔다.

위병소에서 면회신청서를 작성하던 영자는 '관계' 라는 항목이 나오자 '엄마야~ 부끄럽게 뭘 이런 걸 다 적으라 할까?' 하고 생각하면서 얼굴이 붉어졌다.

요즘은 신분증을 제출하고 구두로 면회를 신청하지만 옛날에는 면회신청서 용지가 별도로 있었다. 거기에는 이름, 주소, 주민등록번호, 이런 거 적는 칸이 있었다. 영자는 신청서를 건네준 초병한테 물었다.

"이거 안 쓰면 안 돼요?"

"아가씨. 여긴 최전방이라 두 사람 사이의 관계를 소상히 밝혀 주셔야만 면회가 허용됩니다."

영자는 하는 수 없이 조그만 글씨로 '했음' 이라고 썼다. 그랬더니 초병이 쏘아붙였다.

"뭐 하는 거예요? 제대로 쓰세요."

영자는 떨리는 손으로 조심스레 '2번' 이라고 고쳐 썼다.

그러자 화를 버럭 내는 초병.

"아니, 제대로 쓰셔야지 이렇게 쓰시면 어쩝니까?"

영자는 속으로 '망할 놈의 자식. 별 걸 다 물어보네' 라고 생각하면서 한참을 망설인 끝에 다시 썼다.

"한번은 산에서, 한번은 물레방앗간에서."

시츄에이션 · 3 – 군대 간 사연

영수가 군대에 가기 싫어 이빨을 모두 뽑아 버리고 신체검사를 받으러 갔다. 줄을 서 있는데, 영수 앞으로 이상한 냄새가 나는 사람이 끼어들었다. 차례가 되자 그 사람은 항문에 이상이 있다고 대답했다. 군의관은 손가락을 그의 항문 안으로 집어넣어 확인을 하였다.

"치질이군. 너무 지저분하잖아. 면제!"

다음에 군의관은 영수에게 물었다.

"어디 아픈 곳은 없나?"

영수는 군의관의 손가락을 쳐다보고 말했다.

"옛! 전혀 없습니닷!"

비서 직원을 뽑는 면접시험에서 최종적으로 남자 세 명과 여자 한 명이 남았다. 최종 면접은 사장이 직접 중화요리 집으로 데려가는 것으로 시작됐다.

사장은 짜장면 한 그릇을 시켜놓고 물었다.

"자, 여기 짜장면 한 그릇이 있네. 자네들이 돈을 내지 않고 나와 함께 이 짜장면을 먹을 수 있는 방법을 말해보게."

첫 번째 남자 지원자가 말했다.

"빈 그릇을 하나 더 달라고 해서 나눠 먹겠습니다."

두 번째 남자 지원자가 말했다.

"똑같이 젓가락을 들고 뺏어 먹겠습니다."

세 번째 남자 지원자가 말했다.

"사장님이 남긴 것을 먹겠습니다."

마지막으로 남은 여자 지원자가 말했다.

"사장님, 다 드시고 입 닦지 마세요."

여자는 그 자리에서 발령을 받았다.

1.

꽃집아저씨가 화분을 사가는 아줌마에게 꽃은 물을 잘 주어야 쑥쑥 자라고 열매도 잘 맺는다고 하자, 동네아줌마가 꽃집아저씨에게 자기는 꽃이니 자기에게 물 좀 주라며 매달리고 있단다. 정말 환장하겠네!

2.

맞선을 보는 자리에서 남자가 제일 좋아하는 음식이 홍당무라고 하자, 여자가 당장 커피숍을 나가서 말인지 아닌지 실험해보자고 한단다. 정말 환장하겠네!

3.

한 임신한 여자를 두고 남자는 점쟁이 말을 듣고 딸이라고 했고, 여자는 배의 모양을 보아 아들이라고 우기다가 급기야 싸우게까지 되었는데 성질이 급한 남자가 그럼 당장 유산을 시키면 아들인지 딸인지 알 수 있을 것 아니냐며 유산을 시켜보자고 한단다. 정말 환장하겠네!

4.

바닷가에서 모래찜질을 하고 있는 여자의 위로 지나가던 장님이 잘못하여 지팡이로 여자의 그곳을 쿡! 하고 짚었는데 벌떡 일어난 여자가 화를 내기는커녕 좀 더 굵은 지팡이로 다시 그리고 많이 짚어달라고 사정하고 있단다. 정말 환장하겠네!

5.

장가를 들었지만 신부는 거들떠보지도 않고 고무줄 새총으로 새만 잡으러 다니는 정신병자가 느닷없이 신부의 팬티를 벗기기에 가족들은 드디어 제 정신이 돌아왔나 보다 하고 기뻐했는데 그가 신부의 팬티를 벗긴 이유는 팬티에서 고무줄을 빼어내어 새총을 만들기 위해서였단다. 정말 환장하겠네!

6.

아내의 낌새가 이상하여 뒤를 밟은 한 남자가 아내와 어떤 남자가 호텔에 들어가는 것을 목격하고는 팔딱팔딱 뛰고 있는데 그 이유는 그 호텔의 방 값이 비쌌기 때문이란다. 정말 환장하겠네!

7.

식사 중에 남편이 아내에게 밑을 깨끗이 씻으라고 하자 아내가 목욕실에 가서 밑을 깨끗이 씻고 왔는데 남편이 밑을 깨끗이 씻어 오라고 했는데 뭐하고 왔느냐며 더욱 화를 내므로 아내가 다시 더욱 정성 들여

닦았단다. 그런데 이번에는 남편이 왜 말을 안 듣고 툭하면 자리에서
일어나느냐며 손찌검을 해서 더 이상 참을 수 없었던 아내가 밑을 깨끗
이 씻고 왔는데 왜 그러냐며 대들자 남편이 느닷없이 컵 밑바닥을 뒤집
어 보이며 이것이 깨끗이 씻은 것이냐며 들이댔단다. 정말 환장하겠네!

8.

　건망증이 심한 여자가 결혼식을 마치고 신혼여행을 떠나려는 순간 신
부의 건망증이 걱정된 부모가 신부에게 세상 없어도 신랑을 잃어버려
서는 안 된다고 신신당부하자, 신부가 하는 말이 그래서 여분으로 신랑
을 2명 더 준비해두었다고 하더란다. 정말 환장하겠네!

목사가 환자의 임종에 참관하러 병원에 왔다.

가족들이 모두 나가고 목사와 환자만 남자 목사가 말했다.

"마지막으로 하실 말씀은 없습니까?"

환자는 괴로운 표정으로 있는 힘을 다해 손을 허우적거렸다. 목사는 말하기가 힘들다면 글로 쓰라고 하면서 종이와 연필을 주었다. 그래도 환자는 버둥거리며 몇 자 힘들게 적다가 그만 숨을 거두었다.

목사는 종이를 가지고 슬퍼하는 가족들에게 말했다.

"우리의 의로운 형제는 주님 곁으로 편안히 가셨습니다. 이제 고인의 유언을 읽어 드리겠습니다."

그리고는 큰소리로 읽기 시작했다.

"발 치워, 너 호흡기 줄 밟았……."

훈련 마치고 배치된 자대. 이등병인 나에게는 산 설고 물 설은 그곳이 너무나 황량했다. 내무반 생활에 적응할 때쯤 새벽만 되면 고참이 잠을 깨웠다.

"야, 얌마!"

"(화들짝 놀라며)넷! 이병 태평로!"

"너 가서 라면 하나 끓여와라!"

"옛. 알겠슴다."

눈을 비비며 정승스럽게 라면을 끓여 대령했다. 우쒸……. 국물 하나 안 남기고 다 묵네. 국물이라도 좀 남겨 주지……. 다음날에도 또 그 다음날에도 또... 드디어 이등병도 열 받았다. 냄비에 물 대신 하룻밤 동안 꾹 참은 오줌을 모았다. 그리고 라면을 넣고 요리를 완성했다.

"추 병장님! 라면 여기 있슴다."

"흠, 딱이다. 넌 이제부터 내 전속 취사병이다."

'그래? 내 오줌탕 한번 먹어 봐라.'

"아. 갑자기 속이 안 좋다. 야, 태 이병! 이거 니가 먹어라!"

으악~ 난 그날새벽 내 오줌으로 끓인 라면을 고참이 지켜보는 앞에서 국물 하나 남기지 않고 다 먹어야 했다.

남편이 아내의 생일케이크를 사려고 제과점에 가서 제일 크고 화려한 케이크를 고른 후 주인에게 부탁했다.

"케이크에 글을 좀 넣어주세요. '당신은 늙지도 않는구려, 더 건강해지는 것 같소' 라고요. 아, 잠깐. 한 줄로 쓰지 마시고 위에다 '당신은 늙지도 않는구려.' 라고 쓰고 밑에는 '더 건강해지는 것 같소' 라고 써주세요."

그리고나서 시간에 쫓기던 남편은 포장해주는 그대로 들고 뛰었다.

잠시 후 많은 친구와 친지들이 함께 하는 파티가 시작됐고 드디어 케이크에 불을 붙일 시간이 왔다.

그런데 상자에서 케이크를 꺼내는 순간 거기에 쓰여져 있는 글을 보고 파티에 참석한 사람들과 아내는 그만 기절초풍했다.

"당신은 늙지도 않는구려. 밑에는 더 건강해지는 것 같소."

경찰 : 야 임마, 직업이 뭐야?

도둑 : 빈부 차이를 없애려고 노력하는 사회 운동가입니다.

경찰 : 넌 꼭 혼자 하는데 짝은 없나?

도둑 : 세상에 믿을 놈이 있어야지요.

경찰 : 마누라도 도망갔다면서?

도둑 : 그거야 또 훔쳐오면 되죠.

경찰 : 도둑은 휴가도 안가나?

도둑 : 잡히는 날이 휴가죠.

경찰 : 아들 학적부에 아버지 직업을 뭐라고 적나?

도둑 : 귀금속 이동센터 운영.

경찰 : 가장 슬펐던 일은?

도둑 : 내가 훔친 시계를 마누라가 팔러갔다가 날치기 당했을 때죠.

경찰 : 그때 마누라가 뭐라고 하던가?

도둑 : 본전에 팔았다고 하대요.

경찰 : 자녀교육은 어떻게 시키나?

도둑 : 절대 들키지 않도록 특별과외를 시키고 있죠.

뉴욕에 사는 한 사나이가 이른 아침에 회사로 출근했다. 그가 다니는 회사는 고층빌딩의 77층에 사무실이 있었다. 그는 로비 1층에서 엘리베이터를 타기 위해 다가갔다.

첫 번째 졸도 : 엘리베이터 앞에 도착한 그는 그 자리에서 졸도하고 말았다.

→ 엘리베이터 문에 "고장! 수리중!"이라는 안내문이 붙어 있었던 것이다.

두 번째 졸도 : 77층을 허겁지겁 걸어 올라간 그는 사무실 앞에서 졸도를 하고 말았다.

→ 깜빡하고 사무실 열쇠를 집에 그냥 놓고 왔던 것이다.

세 번째 졸도 : 77층을 걸어 내려간 그는 1층에서 다시 졸도하고 말았다.

→ 엘리베이터가 수리를 마치고 정상 작동되고 있었던 것이다.

네 번째 졸도 : 서둘러 집으로 달려간 그는 집 앞에서 또 졸도하고야 말았다.

→ 사무실 열쇠를 뒤 호주머니에 넣어두었다는 사실을 알게 되었던 것이다.

다섯 번째 졸도 : 다시 돌아온 그는 엘리베이터 앞에서 다시 졸도하

고 말았다.

→ 정전으로 불이 나가서 엘리베이터가 움직일 수 없다는 것이었다.

여섯 번째 졸도 : 77층을 열심히 걸어 올라간 그는 사무실 앞에서 또 졸도하고 말았다.

→ 이미 퇴근시간이 지나 사무실에는 아무도 없었던 것이었다.

일곱 번째 졸도 : 다음날 다시 출근한 그는 엘리베이터 앞에서 다시 졸도하고 말았다.

→ 그는 이제 습관이 되어 엘리베이터만 보면 졸도하게 되었던 것이다.

시츄에이션 · **11** – 웃기는 놈

나이 많은 교수가 강의실에 들어서자 학생들이 웃기 시작했다. 교수의 바지 앞문이 열려 빨간 팬티가 보인 것이다.

교수는 조용히 하라고 주의를 주었다. 그런데도 학생들이 계속 웃어대자 꽥! 소리를 질렀다.

"어떤 놈이야? 웃는 놈도 나쁘지만 계속 웃기는 놈이 더 나빠!"

미니스커트 아가씨가 버스를 타기 위해 줄을 섰다.

그녀의 뒤에는 젊은 남자가 있었다. 그녀는 아무래도 버스를 탈 때 뒤에 있는 사람이 마음에 걸려 스커트를 살짝 내리려고 손을 뒤로 돌려 스커트의 지퍼를 밑으로 내렸다.

그리고나서 스커트를 내렸으나 내려가지 않아 다시 지퍼를 만져보니 그대로 있었다. 여자는 뒤돌아서 남자를 째려보았다. 그러자 남자는 히죽히죽 웃고 있었다. 기분이 나빠진 아가씨는 다시 지퍼를 내렸다. 그런데 잠시 후 또다시 올라가 있는 것이었다. 여자는 황당하고 화가 나서 다시 뒤의 남자를 째려보았지만 남자는 계속 히죽대고 있었다.

아가씨는 화가 나서 남자의 따귀를 냅다 때리며 말했다.

"내가 내리는데 당신이 뭐라고 자꾸 다시 채워요?"

그러자 남자가 당황하며 말했다.

"남의 지퍼는 자꾸 왜 내리는 겁니까?"

아가씨가 운전을 하던 중 부주의로 한 청년의 차와 정면충돌을 해버렸다. 차는 완전히 망가졌지만 신기하게도 두 사람은 한군데도 다치지 않고 멀쩡했다. 차에서 나온 아가씨가 말했다.

"차는 이렇게 되어버렸는데 사람은 멀쩡하다니... 이건 우리 두 사람이 맺어지라는 신의 계시가 분명해요."

아가씨의 얘기를 듣던 청년은 고개를 끄덕였다. 그러자 아가씨는 차로 돌아가더니 뒷좌석에서 포도주를 한 병 가지고 와서 말했다.

"이것 좀 보세요. 이 포도주 병도 깨지지 않았어요. 이건 우리 인연을 축복해주는 것이 분명해요. 우리 이걸 똑같이 반씩 나눠 마시며 인연을 기념하기로 해요."

그런데 청년이 병을 받아들고 반절을 마신 후 아가씨에게 건네자 그녀는 술을 마시지 않고 뚜껑을 닫더니 청년의 옆에 놓으며 말했다.

"됐어요. 이제 경찰을 기다리기만 하면 돼요."

보험금 타먹기 명수인 한 변호사와 농부가 함께 낚시를 하고 있었다. 변호사가 먼저 농부에게 자신의 사정을 이야기하기 시작했다.

"제가 여기 올 수 있었던 것은 우리 집에 불이 나서 제가 소유했던 모든 것이 불에 타버렸기 때문입니다. 그런데 그것들의 보상금을 전부 보험회사에서 지불해 주더군요."

"그것 참 우연의 일치로군요. 저도 여기 올 수 있었던 것이 저희 집과 모든 재산들이 홍수로 떠내려가 버렸기 때문이거든요. 그런데 선생과 마찬가지로 그 보상금을 보험회사가 모두 지불해 주었습니다."

그러자 변호사가 말했다.

"거 참 대단하십니다. 어떻게 홍수까지 일으킬 수 있었습니까?"

한국 사람이 러시아 여행 중 배가 고파 식당에 들어갔다.

말도 통하지 않고 뭘 먹어야 할지 몰라 망설이고 있는데 마침 미국사람이 들어오더니 카운터로 가서는 바지 지퍼를 내렸다가 올리곤 자리로 갔다.

잠시 후, 그 미국인에게 나온 음식은 소시지 한 개, 계란 두 개였다.

그를 본 한국 사람이 그 미국 사람과 똑같이 했다. 그러나 한국 사람에게 나온 것은 번데기 한 개와 메추리알 두 개였다.

거지가 부티 나는 신사에게 배가 고프니 1만 원을 적선하라고 했다.

신사 : 어쩌나? 잔돈 가진 것이 없네. 대신 술을 대접하면 안되겠나?

거지 : 고마운 말씀입니다만 저는 술을 못합니다.

신사 : 그럼 담배를 사주지.

거지 : 아닙니다. 피지 않습니다.

신사 : 그럼 경마장엘 가세. 내가 자네 말에 돈을 걸어줄 테니...

거지 : 아닙니다. 도박은 아예 하지를 않습니다.

신사 : 그래? 그럼 잘 됐네. 우리집에 가서 식사를 하세. 사내가 담배도 안 피고, 술도 안 마시고, 도박도 안 하면 어떤 꼴이 되는지 우리 마누라한테 보여 줘야겠어.

거시기가 없는 내시들이 은근한 자존심을 세우기 위해 노동조합을 만들기로 하고 임금님 앞에 가서 상소를 올렸다. '이러쿵 저러쿵 여차 저차 하여 내시노동조합을 결성하려하니 허락해 주시옵소서.'

임금이 가만히 생각해보니 그건 말도 안 되는 소리였다.

그리하여 다음과 같은 이유로 노동조합 결성을 허락할 수 없다는 결론을 내렸다.

첫째, 그대들은 발기인이 없다.

둘째, 그대들은 도장찍을 정관이 없다.

셋째, 그대들은 어려운 일이 생겼을 때 어디 가서 사정할 데가 없다.

넷째, 그대들은 많은 어려운 일, 즉 난관을 헤쳐 나갈 능력이 없다.

영수는 여러 여자와 사고를 쳤지만 이런 여자는 처음이었다. 얼굴이 벌개져 어찌나 서럽게 우는지 자신이 정말 잘못한 것인지도 모른다는 생각까지 들었다. 눈물을 흘리는 아가씨를 달래며 영수가 말했다.

영수 : 이제 그만 정리하고 헤어지면 안되나요?

여자 : 흑흑, 너무해요. 제게 남은 상처는 어떡하라고요?

영수 : 달라는 대로 다 돈을 준다니까...

여자 : 처음인데 돈으로 돼요? 이 상처는 분명히 남을 거예요.

영수 : 요즘이 어떤 세상인데... 기술이 발달해서 흔적도 없이 고친다고...

여자 : 제가 빼라고 했을 때 뺐으면 이런 일 없었잖아요. 그렇게 밀어붙이면 어떡해요?

영수 : 아가씨는 도대체 몇 살인데, 그런 경험도 없어? 나만 잘못한 것도 아니고 그쪽 책임도 있어.

그 때 경찰이 다가와 짜증난다는 듯 말했다.

"골목길에서 접촉사고 내고 차도 안 빼고 싸우면 어떻게 합니까? 당장 차 빼요!"

한 여성단체에서 '미스터 모범남성'을 선정하기로 했다.

수만 통의 추천서가 접수됐는데 그중 정말 눈에 확 들어오는 편지 한 장이 있었다. 그것은 어떤 사람이 스스로를 추천한 것이었는데 내용은 다음과 같았다.

"저는 술이나 담배를 전혀 하지 않으며 섹스도 안 합니다. 여성을 구타하는 법이 없으며, 매일 규칙적인 생활을 하고, 영화나 비디오로 시간을 축내는 법이 없으며, 일요일에는 하루도 빠짐없이 예배를 봅니다. 이런 생활을 벌써 7년째 계속해오고 있습니다."

편지의 내용이 사실이라면 그 남자야말로 가장 유력한 후보자라고 의견을 모은 심사위원들은 결정 사실을 통보하기 위해 적혀 있는 연락처로 전화를 걸었다. 그러자 전화에서 들려 온 소리.

"네~ ○○교도소입니다."

한 청년이 해변을 산책하던 중 물에 빠진 사람을 보고 급히 뛰어들어서 밖으로 끌어냈다. 그 사람은 놀랍게도 당선이 유력하다고 알려진 대통령후보였다. 그가 말했다.

"젊은이, 내가 누군지 아는가?"

"네! 압니다, 어르신!"

"자네는 나라를 위해 큰일을 했네. 얼마 후면 내가 집권하게 될 텐데 자네에게 보답하고 싶네. 소원을 말해 보게."

청년이 잠시 생각하더니 대답했다.

"국립묘지에 묻히고 싶습니다."

청년의 뜻밖의 대답에 노인은 깜짝 놀래며 말했다.

"이해할 수 없군. 자네는 건강한 젊은이 같은데……."

그러자 청년이 말했다.

"그렇습니다. 하지만 제가 누구를 살려냈는지 친구들이 알게되면 저는 살아남지 못할 테니까요."

상황 1

세상에서 가장 거짓말을 잘하는 사람을 뽑는 거짓말대회가 열렸다. 모두들 거짓말의 최고수를 자랑하며 거짓말대회에 참여하였다.

드디어 최종결승전!

먼저 첫 번째 사람이 거짓말을 시작하였다.

"저는 돈이 아주 많습니다. TV 방송국이 여덟 개이고, 비행기와 요트가 모두 백대나 됩니다. 그리고 여러 개의 석유회사와 다국적기업을 가지고 있죠"

심사원이 첫 번째 사람의 허풍에 감탄하며 말했다.

"아주 좋습니다. 다음 분~"

두 번째 사람이 나가더니 간단히 한 마디 했다.

"저 사람은 내 부하직원입니다."

상황 2

겨울 추위에 대한 거짓말대회를 개최하여 최종 세 명이 결승전에 진출하였다. 첫 번째 사람.

"우리 시베리아에선 입김이 나오면 바로 얼음과자가 되지요."

이어서 두 번째 사람.

"우리 알래스카는 너무 추워 소변을 보자마자 얼어서 꼭 망치를 들고 소변을 본답니다. 보자마자 깨야하거든요."

마지막으로 세 번째 사람.

"우리 북극에선 봄이 되면 너무 시끄럽답니다. 겨우내 했던 말들이 봄이면 녹아 소리가 살아나거든요."

세상에서 허풍이 제일 심한 세 사람이 아침에 먹은 빵에 대해 이야기를 나누고 있었다.

허풍 1 : 오늘 아침 나는 버스만큼 큰 빵을 먹었다.

허풍 2 : 그래? 나는 기차만큼 길고 큰 빵을 먹었지.

허풍 3 : 나는 삽을 가지고 빵을 한참 파먹고 있는데 삽 끝에 뭔가 걸려서 파 보니까 이정표가 하나 나왔거든. 그런데 그 이정표에는 이런 글이 새겨 있더군.

'단팥까지 앞으로 4km'

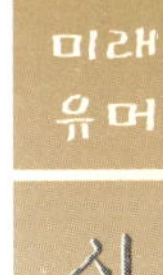

임금님이 기르는 개가 있었다. 이 개는 희한하게 짖지를 못하고 할 줄 아는 것이라고는 고개를 끄덕이는 것밖에 없었다.

임금님은 이 개에게 도리도리를 하게 하는 사람에게는 상금을 주겠다고 하였다. 그러자 많은 사람들이 몰려들었다. 그러나 모두 허사였다.

마지막 한 사람이 남자 임금이 그에게 물었다.

"자네는 자신이 있는가?"

"물론이옵니다. 전하!"

"그래? 그럼 시작해보게!"

그 사람은 허리춤에서 사금파리를 꺼내더니 개에게 힘껏 날렸다. 콧잔등을 맞은 개는 깨갱거리면서 임금님 뒤로 숨었다. 그 사람은 개에게 쫓아가서 물었다.

"또 맞을래?"

'도리도리'

개가 도리도리를 한 것이다.

그런데 개에게 부작용이 일어났다. 개는 이제는 반대로 도리도리만

할 줄 알지 끄덕끄덕을 할 줄 몰랐다. 임금은 다시 개에게 끄덕끄덕 하도록 시키는 자에게는 더 후한 상금을 내리겠다고 했다.

그러자 앞서의 그 남자가 다시 왔다. 그리고 그 개에게 딱 한 마디를 내뱉고 상금을 챙겨갔다.

"너 나 알지?"

시츄에이션 · **23** – 허풍

경제불황으로 집을 보러 다니는 사람들이 없어지자 부동산중개인들은 하루에 한 건이라도 올리려고 눈에 불을 켰다. 그 날도 역시 집을 보러 온 부부에게 갖은 말과 애교를 부려가며 허풍을 떨고 있었다.

"이 동네는 정말이지 너무도 깨끗하고 아름다운 곳이랍니다. 공기를 한번 맡아보세요. 너무 신선하고 쾌적하죠? 그래서 그런지 여기에 사는 사람들은 절대 병에 걸리지 않아요. 그래서 죽는 사람이 없답니다. 어떠세요? 계약?"

바로 그때 장례행렬이 집 앞을 지나가는 것이었다. 당황한 중개인. 하지만 그는 침착하게 행동했다.

"쯧쯧쯧... 가엾은 의사 선생! 환자가 없어서 굶어죽다니……."

다세대 주택에 사는 영수가 따뜻한 춘삼월이 되자 겨우내 얼었던 '고추'를 해동시키려고 옥상으로 올라갔다.

그리고는 돗자리를 편 후 바지를 내리고 따뜻한 햇살을 향해 누웠다가 자기도 모르게 달콤한 잠에 빠져들었다. 그런데 빨래를 널러 옥상에 올라간 영희가 그 광경을 보고 놀라 소리를 질렀다.

"밝은 대낮에 모한데유?"

잠이 깬 영수가 대답했다.

"보믄 몰라유? 고추 말리잖아유~"

할말을 잃고 계단을 내려가던 영희가 가만히 생각해보니 그 말이 맞는 것 같았다. 영희는 다시 옥상으로 올라가 자기도 치마를 내리고 영수랑 똑같이 누웠다. 영수가 물었다.

"모한데유?"

"보믄 몰라유? 고추푸대 말리잖아유~"

시간이 흐른 후 영희가 영수에게 말했다.

"고추 다 말렸으면 고추푸대에 담아유~"

네 자매가 합동결혼식을 하였다.

예식 후 세 딸은 제주도로, 막내딸은 부산으로 신혼여행을 갔다. 다음 날, 제주도로 신혼여행을 간 세 딸에게서 전화가 왔다.

첫째 딸 : 엄마, 그이는 레간자~당!(소리 없이 강하다.)

둘째 딸 : 그이는 사발면이야... 어쩌면 좋지?(3분이면 OK)

셋째 딸 : 그이는 애니~콜이야!(때와 장소를 가리지 않는다.)

그런데 막내딸에게서는 소식이 없어 전화를 걸어 첫날밤에 대해 물었다. 그러자 막내딸이 대답했다.

"그이는 새마을호야!"

그게 무슨 뜻인지 궁금해진 친정엄마는 직접 새마을호를 타고 부산까지 가보았다. 그러나 부산역에 도착할 때까지 알아낼 수가 없어 실망하여 내리려고 하는데 안내방송이 나왔다.

"저희 새마을호를 이용해 주신 승객 여러분 대단히 감사합니다. 저희 새마을호는 일일 8회 왕복운행을 하고 있으며, 승객 여러분의 편의를 위해 주말에는 15회 왕복운행을 하고 있습니다."

두 남자가 골프를 치고 있는데 바로 옆에서 두 여자도 골프를 치고 있었다. 그녀들은 공 한번 치는데 5분, 잘못 쳐서 숲으로 간 볼 찾는데 10분, 그린에 올라가서도 몇 십 분…… 이렇게 시간이 엄청 걸리는 것이었다. 그러자 한 남자가 말했다.

"흠! 내가 가서 우리가 먼저 지나가도 되겠냐고 물어보고 올께."

말을 마친 그는 그린 쪽으로 뛰어갔다.

그런데 그린을 20미터쯤 남기더니 급히 돌아와서 말했다.

"젠장, 못하겠어! 한 여자는 내 마누라고 한 여자는 내 애인이야."

"그래? 그럼 내가 가서 말하고 오지."

그렇게 해서 쫓아갔던 그도 그냥 헐레벌떡 돌아왔다.

"세상 참 좁구만... 글쎄 자네가 잘 보았어. 한 여자는 내 마누라고, 한 여자는 내 애인이야!"

부부가 밤늦게까지 뜨겁게 일을 치르고 있었다.

그런데 갑자기 밖에서 번개가 번쩍 치는 바람에 방안이 환하게 비쳤다. 순간, 남편의 손에 무엇인가 길쭉한 게 들려 있는 것을 보고 아내가 놀라서 물었다.

"뭐, 뭐야? 당신 손에 들고 있는 거……."

자세히 보니 그것은 길쭉한 오이였다. 남편은 쑥스러워하면서 말했다.

"이건 말이지, 그러니깐…… 그러니깐 말이지……. 미안해!"

아내는 남편에게 무진장 배신감을 느꼈다.

"뭐예요? 그럼 당신... 십 년 동안 그걸로 날 속여온 거군요. 흐흐~ 흑! 너무 잔인해요!"

그러자 남편이 오히려 더 화를 내며 소리쳤다.

"뭐라고? 날 속인 건 당신도 마찬가지 아냐?"

남편의 말에 아내는 길길이 뛰었다.

"도대체 내가 뭘 속였다는 거죠?"

그러자 오이를 아내의 눈앞에 들이 댄 남편.

"당신은 아이를 다섯이나 낳았잖아!"

시츄에이션 · **28** – 책임

만년 과장 K씨는 부하직원들과 3차를 가고 있었다.

"야! 너그들. 오늘 나 확실히 책임질 수 있는겨?"

"그럼요, 과장님. 걱정 꽉~ 붙들어 매시고 저희를 믿으세요."

결국 K과장은 3차에서 술을 마시다 잠이 들어버렸다.

다음 날 아침 추위에 시달리다 눈을 뜬 K과장은 길바닥에 누워 있는 자신을 발견했다. 그런데 그의 배 위에는 이런 메모가 놓여 있었다.

"조심! 밟지 마시오. – 책임감이 강한 부하직원 일동"

목장 주인이 우유를 짜는 하이테크 기계를 주문했다.

도착한 기계의 성능이 궁금해진 그는 자신이 직접 실험해보기로 하고 자신의 그것을 끼우고 스위치를 켰다. 그 결과, 모든 것이 자동이었다.

그는 그 기계가 자기 마누라가 주는 이상으로 쾌락을 준다는 사실을 알게 되었다. 그런데 끝난 후 그것을 빼려고 했으나 빠지지가 않았다. 사용설명서를 읽어보아도 도움이 되는 정보를 얻을 수가 없었다. 기계에 있는 버튼을 모조리 눌러보아도 역시 성공을 하지 못했다.

그는 그 기계 회사의 고객서비스 센터에 전화를 했다.

"여보세요. 내가 방금 당신네 회사의 우유 짜는 기계를 샀는데요. 그 기계 정말 작동을 기가 막히게 하는군요. 그런데 그 기계 작동이 끝나면 어떻게 빼나요?"

"걱정 마세요. 그 기계는 밀크 2갤런을 받아야 풀어지게 프로그램이 되어 있어요."

소주에 관한 고찰

1.

소주燒酎는 곡류를 발효시켜 증류하거나 알코올을 물로 희석하여 만든 술을 말하며, 노주露酒·화주火酒·한주汗酒·백주白酒·기주氣酒라고도 부른다.

2.

소주의 '주酎' 자는 술 '주酒' 자를 쓰기도 하는데 '주酒'의 본래 뜻은 세 번 고아서 증류한 술이라는 뜻이다. 원래 몽고어 '아라키주亞刺吉酒'에서 비롯되었다.

징기스칸의 서역 원정 때 페르시아 소주인 알렉, 아랍 소주인 아라크, 터기 소주인 라크가 몽고에 도입돼 아라키주가 되었다. 이 말은 영어로 주정을 뜻하는 알코올의 어원이기도 하다.

3.

소주는 기원전 3,000년경 서아시아의 수메르에서 처음 만들어졌다고도 하나 원산지는 페르시아다. 우리나라에 전래된 것은 페르시아에서 발달한 증류법이 원나라와 만주를 거쳐 고려로 들어왔다는 것이 정설이다.

한 번 내린(증류) 술을 소주 또는 노주(홍로), 두 번 내린 술을 환소주, 또는 감홍로라 불렀다.

4.

소주는 각 지방마다 아락주, 아랑주, 깡소주, 마어러기, 세주, 쇠주, 아래기, 효주라고 불리면서 참이슬, 참나무통 맑은소주, 진로골드, 레전드, 참소주, 독도소주, 영의정, 뉴그린, 미소주 그린, 빅소주, 곰바우 소프트, 보해골드, 보해소주, 잎새주, 천년의 아침, 화이트, 화이트생, 새찬, 산, C1, 한라산, 한라산물 순한소주, 한라산골드, 허벅 등 다양한 제품이 출시되어 '세계는 넓고 마실 소주는 많다.'라는 명언을 실감케 한다.

또 지방에 따라 특색 있는 안동소주, 개성소주, 공덕리소주, 이강주, 죽력고, 감홍로, 진도홍로, 제주민속주, 구죽통로, 와송로 등이 있으며 앞으로도 계속 늘어날 전망이다. 개소주는 소주가 아니라 건강식품.

5.

소주에는 증류식과 희석식이 있다.

증류식은 말 그대로 증류기로 간단하게 증류해서 제조한다. 원료 및 이로부터 유도되는 각종 알코올 발효 부산물 중 휘발성의 물질을 불순물로 함유하기 때문에 강력한 향이 있다. 요즘은 거의 찾아볼 수 없다.

희석식은 증류할 때 정교한 기계로 불순물을 거의 다 제거하고 얻은 순수알코올을 물로 20~35% 희석한 것이다.

간단히 말하면 증류식 소주는 매우 비싸고 희석식 소주는 싸다. 옛날 소주는 모두가 증류식이어서 지체 높은 양반만 마실 수 있었다.

6.

소주의 발효 원료로는 전분이 많이 들어 있는 쌀, 보리, 옥수수 등 곡류와 감자, 고구마 등을 쓴다. 주로 감자를 이용해 제조한다고 알고 있는 경우도 있는데 이는 근세에 들어 대형 양조공장이 생기던 시절 감자의 싼 녹말성분을 이용한 데서 알려진 잘못된 상식이다.

증류식 제조법은 1965년 양곡정책으로 30년 동안 중단되었다.

7.

소주를 화학주라고 알고 있는 경우도 있는데 이는 희석이라는 단어의 어감에서 오는 잘못된 상식이다. 그냥 물리적으로 희석시킨 것일 뿐 화학적으로 처리한 것이 아니다. 화학반응을 통해 술을 만드는 것은 법적으로 금지되어 있다.

8.

소주에 영양분이 함유되어 있다고 하는 사람이 있는데 이는 열량을 영양으로 착각한 것이다. 단순히 알코올을 희석시켜 만든 소주에 영양분이 있을 리 만무하다.

소주 속의 알코올 열량은 1g당 7kcal정도 되는데, 21도 소주 한잔(50ml)을 마시면 70kcal의 열량을 섭취하는 셈이며 다이어트에는 적이다. 속칭

칭 술배를 생각하면 이해가 빠를 것이다.

9.

소주를 보통 사람이 석 잔 정도 마시면 혈중 알코올 농도는 0.05%이상이 되어 음주운전 단속시 적발되어 불구속처리와 함께 3개월 이상의 면허정지가 된다.

그러하니 한 병 마셨는데도 음주 단속에서 안 걸렸다고 메일 보내지 마라. 그건 자랑이 아니다.

10.

소주는 혈중 알코올 농도 0.1% 정도로 적당히 마셨을 때는 위산분비를 촉진시켜 소화에 도움을 준다. 이는 혈중 콜레스테롤 중 몸에 이로운 HDL의 양을 늘려줌으로써 성인병 예방에도 도움을 준다. 일시적으로는 중추신경을 억제하여 안정제, 마취제 역할을 해 스트레스가 해소될 수도 있다.

11.

소주를 마셨을 경우 흡수된 에탄올의 2~10%만이 신장을 통해 오줌과 호흡으로 배출된다. 나머지 에탄올의 90% 이상은 빠른 속도로 간에서 물과 탄산가스로 분해된다.

이때 생성되는 아세트알데히드라는 중간물질이 숙취의 원인으로 얼굴을 붉게 하고, 심장을 두근거리게 하며, 두통과 위통을 유발시킨다.

12.

소주는 몸무게가 60kg인 성인이 한 병을 마실 경우 산화하는 데는 15시간이 소요되고, 간이 정상으로 회복되는 데는 약 72시간 (3일)이 걸린다. 따라서 술은 3~4일에 한번 마셔야 간에 무리가 안 간다고 할 수 있다.

13.

소주를 우유와 섞어서 마시면 우유가 위벽을 코팅해서 안 취한다고 하는데 이는 헛소리라고 할 수 있다.

우유는 우유대로 소화가 안 되고, 소주는 소주대로 분해가 안 되어 위에 부담만 주는 것이다. 우유와 껌이 음주운전 단속시 아무 도움을 못 준다는 것은 이미 널리 알려진 사실이다.

14.

소주를 콜라, 사이다, 게토레이 등 탄산음료와 섞어 마시는 것도 탄산수가 위의 점막을 자극시키고 알코올 흡수속도가 빨라져 빨리 취하기만 할 뿐이어서 몸에는 나쁜 결과를 가져온다.

소주를 마실 때 병의 바닥을 탁! 치고, 윗부분의 것을 따라서 버리기도 하는데 이 역시 불필요한 짓이다. 1980년대에 소주병의 뚜껑이 코르크이던 시절, 코르크 찌꺼기를 위로 모아 버리는 방법의 하나로 쓰였을 뿐이다.

15.

소주가 감기에 좋다는 속설도 잘못된 것이다. 열량만 많고 영양분도 없는 소주에 약효가 있을 리 없다.

소주에 고춧가루를 타서 마시면 땀이 나서 일시적으로 체온이 내려가지만 감기를 낫게 하진 않고, 오히려 간에 부담을 주어 상태가 악화될 수 있다. 차라리 콩나물국에 고춧가루를 타서 마시는 쪽이 낫다.

16.

1916년 주세법이 공포·시행되었던 바, 그때는 소주를 마시면 소주값보다 세금을 더 마시는 꼴이 되었다. 그래서 소주를 열심히 마시는 자는 애국자였다.

17.

소주는 예전에는 25도가 주종을 이뤘지만 23도로 하향곡선을 그리더니 요즈음은 아예 20.1도까지 내려가는 추세다.

"20도를 사수하라. 투쟁!"

18.

소주는 발효주와 달리 변질의 위험이 없기 때문에 유통기한이 없다. 술집에서 유통기한 지난 소주 마시고 어떻게 됐다면서 항의하는 사람이 간혹 있는데 모두 거짓말이다.

또한 술을 깨기 위해 소주를 마시는 이른 바 해장술을 마시는 사람도 있는데 정말 깨질 인간들이다.

19.

소주의 안주로는 족발, 회, 삼겹살 등 다양하지만 스프를 곁들인 생라면이나 새우깡도 애용된다.

소주를 엽기적으로 마시는 방법은 냉면사발로 마시기, 신발로 마시기, 재떨이로 마시기, 빨대로 빨아먹기, 숟가락으로 떠마시기, 냅킨에 적셔 마시기 등이 있는데 이들의 공통점은 사람 맛도 일찍 간다는 것이다.

20.

술의 종류에는 보드카, 데킬라, 꼬냑, 고량주, 맥주, 막걸리 등이 있다. 맥주는 노랗고, 양주도 노랗고, 막걸리는 허여멀겋다. 소주만이 투명한 것이 웬지 우리 한민족의 마음 같다.

역시 우리 소주가 우리 입맛에는 맞는다.

"아줌마, 여기 우리 소주 한 병 추가!"

술에 취하면

◆ 첫 잔은 사람이 술을 마시고, 두 번째 잔은 술이 술을 마시고, 세째 잔은 술이 사람을 마신다.

◆ 1잔은 건강을 위하여, 2잔은 쾌락을 위하여, 3잔은 방종을 위하여, 4잔은 광증을 위하여!

◆ 1잔은 김 선생, 2잔은 김 형, 3잔은 여보게, 4잔은 어이, 5잔은 야!, 6잔은 이 새끼!, 7잔은 병원→

◆ 사장은 여자에 취해 정신이 없고, 전무는 술에 취해 정신이 없고, 팀장은 눈치보기 정신이 없고, 말단은 빈병 헤아리기 정신이 없고, 마담은 돈 세기에 정신이 없다.

담배, 말보로의 어원

담배이름 '말보로(Marlboro)'는 Man Always Remember Love Because Of Romance Over의 영어약자이다. 번역하면 '남자는 흘러간 로맨스 때문에 항상 사랑을 기억한다.'라는 뜻이다.

1800년대 말 미국에서 있었던 일이다.

지금의 MIT공대의 전신인 학교에 가난한 학생이 지방유지의 딸과 사랑에 빠졌다. 하지만 여자 집안에서 반대한 나머지 둘을 갈라놓기 위해 여자를 멀리 친척집으로 보내버렸다.

남자는 그녀를 찾기 위해 몇 날 며칠을 헤매고 다녔다. 그러다가 비가 내리는 어느 날, 그녀의 집 앞에서 마침 돌아오는 그녀를 만났다.

고개를 숙인 그녀가 말했다.

"나 내일 결혼해."

"안타깝구나! 담배 한 대 피우는 동안만이라도 내 곁에 있어 줘."

남자는 담배를 꺼내 불을 붙였다.

그 당시의 담배는 지금처럼 필터가 있는 담배가 아니었다. 종이에 말아 피는 잎담배라서 몇 모금 빨면 금새 타들어 갔다.

그렇게 짧은 시간이 흐른 후, 여자는

집으로 들어갔고, 둘의 해후는 그것으로 끝났다.

그 남자는 후에 친구와 동업하여 세계최초의 필터가 있는 담배를 만들어 백만장자가 되었다.

다시 세월이 흐르고…….

남자는 그 여자의 소식을 듣게 되었다. 남편도 죽고 혼자 병든 몸으로 빈민가에서 외로이 살고 있다는 거였다.

남자는 눈이 아주 많이 내린 겨울날 그녀를 찾아가 말했다.

"난 아직 당신을 사랑해. 나와 결혼해 주겠어?"

여자는 망설이다가 생각할 시간이 필요하다고 했고. 남자는 다음 날 다시 오겠다고 하고는 돌아갔다.

다음 날, 남자가 그녀를 찾아갔을 때 발견한 것은 목을 매단 채 싸늘하게 식어 있는 그녀의 시신이었다.

그 후 그 남자는 그녀의 죽음을 애도하기 위해 'Marlboro'라는 담배를 만들었다고 한다.

→ 필립모리스사의 말보로 담배는 스페인 전쟁 영웅인 Marlborough 공작을 기념하기 위해 붙여진 이름이다.

금연 일기

나는 애연가다. 남들은 이런 나를 보고 골초라고 한다.

내가 담배를 배운 것은 고등학교 때 친구 놈의 꼬임 때문이었다. 지금 난 그 놈과 절교했다.

한 개피, 한 개피씩 늘어가던 담배가 어느샌가 하루에 한 갑이 넘어갔다.

이 담배 때문에 고등학교 때는 많이 맞았다. 선배에게 걸려 죽도록 맞고, 선생님에게 또 걸려 안 죽을 만큼 맞았다.

그러나 담배를 끊고 싶지는 않았다. 사회에 대한 나의 반항이었다.

하지만 나도 이젠 담배를 끊어야 한다는 생각에 다다랐다. 여자 친구가 담배를 끊지 않으면 절교란다. 선택의 여지가 없다. 난 여자를 택하기로 하고 금연훈련에 들어갔다.

1. 첫날

친구를 만났다. 그 놈에게 나의 보물 1호인 지프라이터와 반 갑이 남은 담배를 건네주며 금연을 선언했다.

오! 가슴이 찢어진다. 내가 아끼는 지프라이터...

친구 놈이 고맙다고 밥을 산다고 했다. 돌솥 비빔밥을 맛있게 먹었다. 그런데 친구 놈이 담배를 핀다. 허공 속에 날아가는 저 연기들... 오! 자유의 상징이다.

미치겠다. 초조하다. 불안하다. 순간, 나는 친구에게 말했다.

"친구야! 연기를 내 얼굴에 뱉어다오."

비굴했다. 하지만 어쩔 수 없다. 친구의 입 속에서 나온 담배연기를 나의 가슴에 넣으려고 노력했다. 작아지는 나를 발견했다.

2. 둘째 날

졸린 눈을 비비고 새벽 일찍 일어났다. 그리고 무의식 중에 담배를 찾았다. 없다. 없다. 어디에도 내가 찾는 담배는 없다.

죽고 싶다. 차라리 눈을 뜨지 말 것을...

아니다. 나는 이제 21살이다. 살아야 한다. 살아야 한다.

재떨이를 찾았다. 짓눌려진 담배꽁초 3개가 있다. 3초간 고민을 했다. 나의 자존심과의 싸움이다. 이건 사느냐, 죽느냐 문제다.

나는 자존심을 버리기로 했다. 꽁초에 묻은 재를 털어 냈다. 씨○, 안 털린다. 나는 필터부분에 테이프를 감기로 했다. 그리고 불을 붙인다. 어지럽다. 내가 도는지 지구가 도는지 구분이 안 간다.

씨○, 3번 빠니깐 필터까지 왔다. 갑자기 전화가 온다. 여자친구다. 모닝콜이라 한다. 여자친구가 담배 피웠는지 묻는다. 나는 내가 담배를 피면 내 성을 갈아도 좋다고 했다. 아~ 씨○, 아버지한테 미안했다.

3. 셋째 날

엄마하고 드라마를 봤다. 남자 놈이 여자 친구에게 차이고 담배를 피우고 있다. 갈등이다. 담배냐, 여자냐. 나도 어쩜 드라마 주인공이 될지도 모른다고 생각했다.

베란다로 나왔다. 아버지가 담배를 피우고 계신다. 미칠 것 같다. 순간 나는 아버지에게 담배 한 대만 달라고 말할 뻔했다.

나는 내 입을 손으로 막았다. 주위환경이 너무 안 좋다. 어디가나 담배 피는 인간들만 보인다.

나는 밖으로 나갔다. 내 입에 무언가 하나라도 안겨주지 않으면 미칠 것 같다.

막대 사탕하나를 사러 가게로 갔다. 그런데 보이는 건 담배뿐이다. 팔팔, 디스, 오마샤리프… 헉, 저기 솔도 보인다.

나는 '심봤다'라고 외치고 싶었다. 그 보기 어렵다던 솔! 정말로 한 보루에 2,000원을 받는지 호기심이 생겼다.

2,000원을 가게주인에게 내밀었다. 주인은 한 보루를 준다. 나는 또 다시 이걸 피워야 하는지 고민했다. 이건 아니다. 나의 성까지 바뀔 판이다. 더 이상 담배는 안 된다고 생각했다.

담배를 아버지께 선물했더니 기특하다고 만원을 주셨다. 간만에 효자 노릇하고 8,000원 부수입도 생겼다.

4. 넷째 날

예전에 군대에서 본 금연비디오는 금연 4일이면 정신이 맑아지고, 별로 힘들지 않은 상태가 된다고 했다. 거짓말이다.

나는 자면서 항상 담배 피는 꿈을 꾼다. 어제는 담배 피는 호랑이까지 나왔다. 나는 호랑이로부터 담배를 뺏기 위해 호랑이와 맞짱 떴다.

또 다시 아침이다. 화장실로 향한다. 금연한 이후 변이 나오지 않는다. 말로만 듣던 변비가 생겼다. 정말 참을 수 없는 고통은 식후에 대변보기 위해 화장실에 가서 담배를 피울 수 없다는 것이다.

40분을 변기에 앉아 있다. 똥꼬가 따갑다. 아무래도 치질인 것 같다. 만병의 근원이 금연이라니...

오후에는 여자 친구를 만났다. 내가 자랑스럽다고 한다. 나도 웃고 싶지만 웃어지지가 않았다. 언젠가부터 웃음을 잊어버렸다.

여자 친구가 은단껌과 은단을 선물한다. 지금 내 입에는 온통 은단이다. 은단... 은단... 은단... 씨○, 진짜 똥맛이다.

차라리 양잿물을 먹을까 고민했다. 하지만 죽으면 다시는 담배를 못 필 것 같아 살기로 했다.

5. 다섯째 날

세상이 온통 노랗다.

나는 다시 번뇌에 빠진다. 작심삼일도 넘겼는데 이제는 내 자신과 타협하자는 생각이 들었다. 눈물이 났다. 어쩌면 내가 죽을지도 모른다고 생각했다. 대변도 안 나와 변비에, 치질에, 정서불안까지.

아침 식사시간에 국을 먹는데 손이 떨리기 시작했다. 누나 밥에 내가

뜬 국물이 들어갔다. 큰일이다. 누나는 지금 매형과 싸우고 우리 집에
와 있다. 저 지랄 같은 성격에 참을 리 없다. 숟가락이 날아온다. 씨○,
왜 사는지 싶다.

나의 생활은 거의 좀비에 가깝다. 얼굴에 핏기가 사라진다. 잠이 오지
않는다. 이제는 한계에 다다랐다.

나는 담배를 피기로 했다. 꽁초를 찾았다. 없다. 없다. 재떨이가 비워
져 있다. 할 수 없다. 얼마 전 내가 아버지에게 사다준 솔을 훔쳐 피기
로 했다.

큰방 문 손잡이를 돌린다. 씨○, 안 열린다. 무슨 날인지 문을 잠그고
주무신다. 미칠 것 같다. 어쩔 수 없다. 최후의 방법이다.

나의 방벽에는 지금 말린 꽃들이 있다. 나는 정신 없이 잘 마른 것만
골라서 꽃잎을 으깼다. 얇은 종이에 으깨어진 꽃잎들을 담아서 돌돌 말
았다. 그리고 불을 붙인 후 쭈욱~ 빨아들였다.

우엑~! 죽을 것 같다. 독가스다. 변기에서 죽도록 오바이트를 했다.

누나가 화장실로 온다. 어린 것이 술 먹고 돌아다닌다고 머리를 무지
때린다. 씨○, 매형이 불쌍하다.

6. 여섯째 날

오늘은 〈삶과 의미〉라는 시를 썼다. 삶의 의미가 없다.

예술은 항상 고뇌에서 만들어진다는 진리를 깨닫고 있다. 유서를 만
들까 생각하다가 나중에 이 사실이 신문에라도 나면 얼굴을 들고 다니
지 못할 여자 친구를 생각하여 포기했다.

바람을 맞고 싶었다. 어두워진 하늘의 별을 보기 위해 놀이터로 갔다.

그때 문득 보이는 세 개의 담뱃불! 씨○, 보니까 중학생이다. 참을 수 없었다. 정말 참기 힘들었다. 나는 중학생을 잡기 위해 뛰었다. 그리고 그 놈들에게 따끔하게 한 마디 했다.

"애들아, 담배 한 대만 주렴…"

나는 중학생 3명의 담배적 지주가 되었다. 그들의 고민을 들어주고 상담까지 해주었다. 그들은 나를 형이라 불렀다. 동생들이 생긴 것이다.

나는 이제 다시 깨달았다. 담배는 사나이간의 우정의 열쇠라고.

행복하다. 오늘은 하늘의 별들도 행복해 보인다.

7. 일곱째 날

여자 친구에게 전화를 걸었다. 꼭 만나야 한다고 강조했더니 10분이나 늦게 약속장소에 나왔다.

나는 커피를 시키고 담배를 한 대 빼 물었다. 여자 친구가 놀란다. 하지만 나는 냉정을 찾기로 했다.

나는 어젯밤에 곰곰이 생각했다.

내가 담배를 알고 지낸 지는 7년이 되었다. 그리고 여자 친구를 알고 지낸 지는 1년이 안 됐다. 나는 7년지기 친구를 버릴 수 없음을 선언했다.

여자 친구가 운다. 마음이 아프지만 어쩔 수 없다.

함께 술을 마셨다. 여자 친구는 담배가 자기 보다 좋으냐고 물어왔다. 나는 대답할 수 없음을 설명했다. 그건 부모님과 아내가 물에 빠졌을 때 누굴 먼저 구하겠냐는 질문과 다를 것이 없다고 항변했다.

여자 친구가 자기도 한 대 달라고 했다.

나는 지금 술이 취한 상태다. 그녀도 담배를 핀다. 우리는 맞담배를 했다. 그리고 그녀도 담배를 느낀다.

8. 그 후

우리는 이제 둘 다 애연가가 되었다.

그녀는 나에게 지프라이터를 선물했고, 나는 그녀에게 터보라이터를 선물했다. 나는 더 이상 담배 때문에 여자 친구와 이별하지 않아도 된다.

그러나 여자 친구가 변했다. 자기의 담배가 있으면서 내 담배만 피려고 한다. 어제는 돗대가 남았는데 그걸 자기가 폈다.

양심도 없는 ○이라고 나는 쏘아댔다.

여자 누드만 그리는 화가

여자의 누드만 그리는 미모의 여류화가가 있었다.

한 잡지사 기자가 그 이유를 물었다. 화가는 특별한 이유는 없다고 말했다. 하지만 기자는 집요했다. 결국 화가는 그 이유를 말했다.

"남자 모델은 처음 스케치할 때와 마무리할 때 형태가 달라져 도무지 그림을 완성할 수가 없어서 그래요."

우리나라의 축구중계

1. 이기고 있을 때

◆ 상대국 : 시간 끌기를 하죠? 저런 선수는 당장 퇴장시켜야 합니다.

◆ 우리나라 : 좋아요! 체력을 아끼는데 필요한 시간을 벌어주고 있
어요. 아주 노련미가 돋보이는 선수예요.

2. 원정게임에서 지고 있을 때

◆ 상대국 : 시차 때문에 초반에 실력이 안 나온다하더라도 후반엔
나올 텐데... 시차 극복은 선수들의 기본이란 걸 알려주고
싶군요.

◆ 우리나라 : 안타까워요. 아주 안타까워요. 역시 시차 때문에 선수
들 컨디션이 나빠진 것 같아요.

3. 핸들링

◆ 상대국 : 손을 썼어요! 축구는
발로하는 경기라는 걸
모르는 것 같지 않습
니까?

◆ 우리나라 : 손에 맞았어요. 아
주 절묘한 찬스였는

데 공이 손에 맞았어요. 공이~

4. 반칙

◆ 상대국 : 저런 야만적인 행위를... 페어플레이 정신에 어긋난 행위
　　　　　는 안되죠.

◆ 우리나라 : 오! 아주 중요한 순간에 잘 잘랐어요. 상대방 분위기를
　　　　　잘 꺾었어요. 위급할 땐 일단 잘라야 돼요.

5. 크로스바 맞고 나온 볼

◆ 상대국 : 하하! 행운의 여신이 우리 쪽으로 기우네요.

◆ 우리나라 : 운동장 사정이 안 좋아요. 미끄러워 발을 조금 헛디뎠
　　　　　던 거죠. 그러나 위협적이었어요. 골키퍼 간담이 써늘
　　　　　했을 겁니다. 하하하.

6. 심판의 오심

◆ 상대국 : 심판도 사람이죠. 실수할 때가 있습니다.

◆ 우리나라 : 심판이 눈이 멀었어요! 심판에게 경고를 줄 수 있다면
　　　　　퇴장감이죠.

야한 여자가 운동선수를 좋아하는 이유

◆ 권투 선수 : 길게, 짧게, 위로, 아래로 결국은 다운까지 시킨다. 무
　　　　　　 아지경이다.

◆ 마라톤 선수 : 한번 시작하면 2시간 이상은 보장한다. 감동적이다.

◆ 체조 선수 : 허리가 유연하고 자세가 다양하다. 항상 새롭다.

◆ 농구 선수 : 덩크슛을 할 때는 온몸이 떨린다. 짜릿하다.

◆ 당구 선수 : 넣는 데는 귀신이다. 놀랍다.

◆ 양궁, 사격 선수 : 내가 원하는 장소를 정확히 맞힌다. 믿음직스럽다.

스키와 키스의 공통점

◆ 짜릿하다. 흥분된다.

◆ 초보자는 아무래도 서툴다.

◆ 위에서 밑으로 내려온다.

◆ 난이도가 높을수록 재미있다.

◆ 야간에 하는 기분이 색다르다.

◆ 여러 사람 앞에서 더 잘하는 사람도 있다.

스포츠와 섹스의 차이점

◆ 사격은 입을 꼭 다물고 하지만, 섹스는 입을 벌리고 한다.

◆ 승마는 배워야 탈 수 있지만, 섹스는 배우지 않아도 탈 수 있다.

◆ 육상은 시간을 단축하면 기뻐하지만, 섹스는 시간을 단축하면 매 맞는다.

◆ 농구는 넣기 전에 드리블하지만, 섹스는 넣은 후에 드리블한다.

◆ 배구는 블로킹할 때 펄쩍 뛰지만, 섹스는 블로킹할 때 움츠린다.

◆ 수영은 양팔을 휘저으며 하지만, 섹스는 양다리를 휘저으며 한다.

◆ 권투는 하체를 공격하면 반칙, 섹스는 상체만 공격하면 반칙이다.

◆ 탁구는 한 개의 공과 라켓으로 하지만, 섹스는 두 개의 공과 방망이로 한다.

◆ 씨름은 쓰러질 때까지만 하지만, 섹스는 녹초가 될 때까지 한다.

◆ 씨름은 바닥에 무릎이 닿으면 지지만, 섹스는 바닥에 무릎이 닿고부터 시작이다.

◆ 야구는 관중이 있어야 신나지만, 섹스는 숨어서 몰래해야 신난다.

◆ 골프는 18개의 홀에 다 넣어야 되지만, 섹스는 한 홀에만 집어넣으면 된다.

◆ 축구는 한 골키퍼가 10명을 상대해도 가뿐하지만, 섹스는 단 한 명만을 상대해야 하고, 그것만으로도 늘 숨가쁘다.

농구와 섹스의 차이점

◆ 농구는 장소에 구애받지 않지만, 섹스는 구애받는다.

◆ 농구는 시간제한이 있지만, 섹스는 힘들긴해도 제한이 없다.

◆ 농구는 쉴 새 없이 골을 넣을 수가 있지만, 섹스는 쉴 새 없이 골을 넣기가 힘들다.

◆ 농구는 골대가 크고 공이 작을수록 좋지만, 섹스는 공이 크고 골대가 작을수록 좋다.

◆ 농구는 하면 할수록 운동이 되어 건강에 좋지만, 섹스는 하면 할수록 노동이 되어 건강에 해롭다.

◆ 농구는 내가 골을 못 넣으면 동료가 대신 넣어주지만, 섹스는 동료가 대신 넣어주면 세상의 지탄을 받는다.

◆ 농구는 남들과 할 때도 "한 게임 할래요?"하면 되지만, 섹스는 남들에게 이런 말을 했다가는 뺨 맞기 십상이다.

◆ 농구는 제 3자가 많이 볼수록 힘이 나서 더욱 열심히 하게 되지만, 섹스는 남들이 보고 있으면 위축되어 될 것도 안 된다.

◆ 농구는 하기 전에 광고를 해도 되지만, 섹스는 하기 전에 광고를 했다가는 미친○ 취급당한다.

◆ 농구는 국내는 물론이고 전 세계적으로 협회가 구성되어 있지만, 섹스는 아직까지 그 어떤 협회도 없다.

월드컵 본선에서의 멘트

신문선 : 네. 호나우도 선수 얼굴이 보이네요~ 호나우도 선수 입 모
양 좀 보세요. 쥐처럼 생기지 않았습니까? 그래서 호나우도
선수 별명이 쥐입이에요, 쥐입.

송재익 : 네~ 쥐는 매일마다 이를 갈아줘야 된다는데, 그럼 혹시 호
나우도 선수, 경기 전에 항상 이 갈고 나오는 거 아닙니까?

(그러면서 '신문선 씨 입도 만만찮군요!' 라고 말하고 싶은 듯 신문선의 입을 쳐다봄.)

송재익 : 아~ 저 짓을 자주 하네요. (아무리 흥분을 했다 해도 공영방송에서

'짓' 이라는 표현을 쓸 수 있는 것인지……. 하지만 신문선의 답변이 감동적이

었다.)

신문선 : 아, 저 짓, 블랑코 선수의 전매특허인가요?

송재익 : 아~ 멕시코 골키퍼가 멀리서 쳐다보고 아마 이랬을 거예요.

'나보다 더 잘하는 선수가 다 있네!' 라고요.

신문선 : 허허허!

송재익 : 이탈리아 기마 전차의 바퀴에 바람이 빠졌네요.

신문선 : 네. 예전엔 바람 넣는 바퀴가 없었죠. (기마 전차의 바퀴는 나무다.)

송재익 : 벌리 선수는 앞니가 몇 개 빠졌군요.

신문선 : 아무래도 유럽에서 뛰는 선수들이 신체적인 접촉이 많다 보
　　　　 니까 저렇게 앞니가 없어지는 일들이 흔히 일어나죠.

송재익 : 마우스피스를 물면 어떨까요?

신문선 : 허허허!

송재익 : 럭비에서는 하지 않습니까? (끝까지 자기 주장을 굽힐 줄 모름.)

송재익 : 이곳 중계석에 세계 각 국의 해설자들의 '오~!' 하는 소리가
　　　　 길게 울려 퍼지네요. 유럽의 해설자들이 무척 다혈질 아닙니
　　　　 까?

신문선 : 골이 터지면 '골~!' 소리를 무려 3분이나 끌거든요.

송재익 : 아마 그 곳에서는 캐스터나 해설자를 뽑을 때, 폐활량도 조
　　　　 사를 하는 것 같아요.

송재익 : 아~ 마치 아랫목에 엉덩이 깔고 앉아 있는 듯한 자세군요.

신문선 : 그렇죠, 아랫목이 참 따뜻해서
그런지 안 일어나려 하네요.

– 스코틀랜드의 공격이 잘 이루어지지 않자

신문선 : 지금 스코틀랜드가 제대로 공
　　　　격을 하지 못하는 이유는요, 노르웨이 수비들이 요소요소마
　　　　다 서 있으니까 틈이 없는 거예요.
송재익 : 저럴 때 스코틀랜드는 마치 옥수수 밭에 공 몰고 가는 것
　　　　같을 거예요.

– 우리 팀 수비수의 심한 태클로 상대 일본 선수가 넘어지자

송재익 : 아~ 정당한 태클이었어요. 공만 걷어냈어요.

– 잠시 후 슬로비디오 화면에 일본선수의 발을 걷어차는 장면이 나오자

신문선 : 허허. 발을 찼군요.
송재익 : 아, 심판이 듣습니다. 조용히 하세요.

– 일본 선수가 슈팅이 아쉽게 빗나가자 땅을 치면서 아쉬워하는 장면을 보고

송재익 : 저 선수 저러면 안되죠. 아까운 잔디 다 죽죠.
송재익 : 아~ 이탈리아 선수 강하게 때리는군요. 그러나 방어하는 칠
　　　　레 골키퍼~ 아슬아슬하게 펀칭으로 막습니다.(권투중계를 자주
　　　　하다보니 축구중계도 비슷하게 한다.)

올림픽에서의 심권호 해설위원의 레슬링 중계방송

심권호 해설위원이 간간이 들려주는 선수시절의 경험담도 재미있고, 또 초보 해설자라서 간혹 방송에 맞지 않는 용어들을 사용하기도 하지만 오히려 이런 점들이 시청자들에게는 신선하게 어필했다.

－ 쿠바 선수가 발목이 삐어 누워 있자

심권호 : 저거 꾀병이죠. 저거, 저도 많이 해봤는데요!

캐스터 : 심권호 씨도 저런 거 많이 해봤나요?

심권호 : 아주 간간이 했습니다.

－ 정지현 선수와 쿠바 선수와의 경기에서

심권호 : 정지현 선수. 날라 가지만, 날라 가지만……. 들려서 날라 가지만 3점이 아니거든요. 지금 충분히 뭐……. 쿠바 선수가 힘이 바닥을 보였기 때문예요, 이제 뚫리거나 드는 거나 없어요. 지금 빨간 거 빨간 거 빨 빨 빨 빨 빨 빨간 빨간 거 빨간 거 빨간 거 빨간 거……. 아~ 쯧... 아~ 저렇게 잡아주면 안되죠. 지금 날라 가는데, 안 되는데, 지금 안 돼! 주면 안되줴 줴... 지금 빠져 빠져 빠져, OK!

– 상대방이 임대원 선수의 손가락을 물고 아닌 척하자

심권호 : 아니, 그럼 임대원 선수가 자기 손가락을 물었겠습니까?

– 정지현 선수의 되치기로 상대방이 넘어진 후 다리를 썼다며 상대방이 따지자

심권호 : 지가 걸려서 넘어진 거예요.

– 정지현 선수 다리에 걸려 넘어져 심판이 오판을 하자

심권호 : 안한봉 감독님! 당장 매트 위로 올라가세요.

– 상대방 감독이 경고를 받자

심권호 : 저거 그냥 내보내 버리죠.

– 한국 선수가 뒤지고 있는 상황에서 상대방이 신발 끈을 묶으며 꾀병을 부리자

심권호 : 3분 넘으면 기권승이거든요, 저 신발 멀리 던져버리고 싶네요.

– 임대원 선수가 8강에서 탈락하자

심권호 : 저 선수 정도는 지금 제가 나가도 이기는데…….

– 결승전 시작 바로 전

캐스터 : 이 순간을 위해서 우리가 얼마나 기다렸습니까?

심권호 : 네, 5일 기다렸죠.

심권호 : 좋아요……. 저렇게 열 받게 해야돼요.

심권호 : 불가리아 선수 큰 코가 더 커졌어요.

심권호 : 네, 좋아요. 지금 심판 안보고 있어요. 심판 안볼 땐 저렇게 잡아야 돼요.

심권호 : 안한봉 감독님! 빨리 들어가세요. 퇴장당합니다.

심권호 : 좋아. 야~ 그렇지 그렇지. 좋아 좋아 좋아. 아자 아자 아자. 이야~! 이야~! 이야~! 드디어 너는 이제 올림픽 두 번 나가서 금메달 따라~! 와! 나올 줄 알았어. 메달~! 아~! 너는 이제 올림픽 두 번 나가서 금메달 따라~!

심권호 : 화이팅~! 와~! 앗싸~! 나자리안, 이제 너는 은퇴죠.

그건 하느님도 어려워

한 남자가 캘리포니아 해안을 걷다가 갑자기 '하느님, 소원 하나 들어주세요.' 라고 외쳤다. 그러자 구름 속에서 하느님의 음성이 들렸다.

"너의 믿음이 굳건하니 들어주마. 말해 보거라."

"하와이까지 다리를 만들어서 언제든지 차로 갈 수 있게 해주세요."

"그러하기에는 들어가는 게 너무 많아. 교각이 태평양 바다 밑까지 닿아야 하는데 콘크리트와 철근이 얼마나 들겠냐? 내가 할 수야 있겠지만 정말 꼭 필요하다고 판단하기는 힘들구나. 다시 생각해 보고 내 영광을 나타낼 수 있는 다른 종류의 소원으로 말해봐라."

남자가 한참동안 생각하다가 말했다.

"그렇다면 하느님, 여자들을 제대로 알고 싶습니다. 여자들이 제게 토라져서 말 안하고 있을 때 마음속에 어떻게 느끼고 뭘 생각하는지, 왜 우는지. 여자들이 '아니, 신경 쓰지마~' 라고 할 때 그 말의 참뜻이 뭔지, 그리고 어떡하면 여자들을 정말로 행복하게 해줄 수 있는지 알려주십시오."

그러자 하느님께서 숨도 안 쉬고 곧바로 대답하셨다.

"하와이까지 가는 다리를 4차선으로 해주랴, 8차선으로 해주랴?"

형제 관계

꼬마가 부모님과 함께 처음으로 교회에 갔다.

아빠와 엄마가 '하느님, 아버지!' 하며 기도를 드리자 꼬마는 '하느님 할아버지!' 하며 중얼거렸다. 그 말을 들은 아빠가 작은 소리로 말했다.

"애야, 너도 하느님 아버지라고 해야 되는 거야"

아들.

"그럼, 하느님은 아빠한테도 엄마한테도 또 나한테도 아버지야?"

"물론이지."

이어서 아들의 의젓한 목소리.

"알았어, 형!"

하느님이 계신 곳은?

엄마와 아이가 아침밥을 먹으며 나누는 대화.

아이 : 엄마, 하느님은 어디 계신 거야?

엄마 : 네 가슴속에 계시지?

아이 : 그럼, 밥하고 섞이면 어떻게 해?

어둠이 무서워요

교회에 다니는 어린 순이는 어두운 곳을 무서워했다.

어느 날 밤, 엄마가 순이에게 뒷마당에 있는 빗자루를 가져오라고 했다.

"엄마, 바깥은 지금 캄캄해서 너무 무서워요."

엄마는 꼭 심부름을 시킬 요량으로 달래기 시작했다.

"아가, 예수님이 항상 우리 곁에 계신데 뭐가 무섭니? 지금 밖에도 예수님이 계셔. 너를 지켜주실 거야."

순이는 고개를 갸우뚱하면서 물었다.

"정말 밖에 예수님이 계세요?"

엄마는 부드럽고 확신에 찬 목소리로 다시 순이를 타일렀다.

"그럼, 그 분은 어디에든 계신단다. 그리고 네가 힘들고 어려울 때 항상 너를 도와주신단다."

그러자 순이가 뒷문을 살짝 열고 틈새로 말했다.

"예수님, 거기 계시면 빗자루 좀 갖다 주실래요?"

동정녀

주일 설교에서 목사가 성의 죄악에 관해 이야기했다.

"형제자매 여러분, 자신이 그동안 얼마나 많은 죄를 지었는지 한번 생각해 보십시오. 여기에 나온 여자분들 중 숫처녀가 있으면 어디 일어서 보세요. 우리가 경의를 표해 드릴 테니."

아무도 일어나지 않았으나 잠시 후 뒤쪽에서 아기를 안은 젊은 여자가 일어섰다. 목사는 어이가 없어하며 언성을 높였다.

"아니, 당신이? 결혼도 하지 않고 아이를 낳았단 말이오?"

그러자 그 여자가 말했다.

"그럼 여섯 달된 이 아이가 혼자 일어서야 한다는 말씀이세요?"

신부가 된 어린아이

부모가 어린아이 앞에서 부부싸움을 하다가 아빠가 '미친년' 이라고 하였다. 평소 궁금한 것이 많았던 아이.

"아빠~ 미친년이 모야?"

아빠는 당황하며 말했다.

"으응... 그건 여자라는 뜻이란다."

그 광경을 본 엄마가 '미친놈' 이라고 하자 이번에는 엄마에게 물었다.

"엄마~ 미친놈이 모야?"

역시 당황한 엄마.

"으응... 그건 남자라는 뜻이야."

이때 둘의 얘기를 들은 할머니가 끼어들었다.

"지랄들하고 있네"

그러자 어린아이.

"할머니~ 지랄은 또 무슨 뜻이야?"

다급해진 할머니가 둘러댔다.

"응... 그건 기도라는 뜻이란다."

20년 후, 그 어린아이는 신부가 되어 성당에서 미사를 집전했다.

"미친놈은 왼쪽, 미친년은 오른쪽에 앉았으면 이제 우리 모두 지랄합시다."

신부님, 넘어졌습니다.

사람들이 성당의 신부님에게 와서 고백하는 내용이 언제나 똑같았다.

"신부님, 오늘 누구와 간통을 했습니다."

"신부님, 오늘 누구와 불륜을 저질렀습니다."

신부님은 매일같이 그런 고백성사를 듣는 것이 지겨워졌다.

그래서 이렇게 제안했다.

"이제는 고백성사를 할 때 '신부님, 오늘 누구와 불륜을 저질렀습니다.' 라고 말하지 말고, '신부님, 오늘 누구와 넘어졌습니다' 라고 바꾸어 말하도록 하십시오."

세월이 흘러 그 신부님은 다른 성당으로 가고 새로운 신부님이 왔다. 그런데 새로 온 신부님이 고백성사를 들어보니 다들 넘어졌다는 소리뿐이었다. 신부님은 시장을 찾아가 건의했다.

"시장님, 시 전체의 도로공사를 다시 해야할 것 같습니다. 도로에서 넘어지는 사람들이 너무 많습니다."

시장은 그 말이 무슨 뜻인지 알기에 껄껄 웃었다. 그러자 신부님이 말했다.

"시장님, 웃을 일이 아닙니다. 시장님 부인도 어제 세 번이나 넘어졌답니다."

누구 책임인데?

주일날, 목사가 열심히 설교를 하고 있었다. 최선을 다해서 말씀을 전하는데 청년 하나가 졸고 있고, 그 옆의 할머니는 열심히 듣고 있었다. 순간적으로 짜증이 난 목사가 할머니에게 말했다.

"아~ 할머니, 그 청년 좀 깨워요."

그러자 그 할머니가 대답했다.

"재우긴 지가 재워 놓고 왜 날보고 깨우라 난리여~"

스님이 낳은 아이

스님이 갈비가 검고 이마가 흰 암말을 기르고 있었다.

"이 말이 새끼를 낳으면 그 빛깔이 반드시 어미를 닮아 훌륭할 거요."

스님의 말을 들은 사미승이 대꾸했다.

"아닙니다. 꼭 그렇지만은 않을 것입니다."

스님은 크게 노하여 언젠가는 여러 사람이 모인 자리에서 이놈에게 크게 모욕을 주어 앙갚음을 하리라 마음먹었다.

그 후 만불회萬佛會가 있던 날 스님은 바로 이때라고 생각하고 사미승에게 소리쳤다.

"이놈! 이 말의 새끼가 반드시 제 어미를 닮지 않을 것을 네가 어찌 알았단 말이냐?"

사미승이 머뭇거리지 않고 대답했다.

"스님께서 일찍이 후원에서 비구니와 간통하여 아이를 배었을 때 저는 그 아이가 스님일 것으로만 알았습니다. 그런데 세속의 아이가 태어나지 않았습니까?"

득도한 노승의 경지

장난을 좋아하는 한 사람이 불공을 드리기 위해 암자를 찾았다.

암자에서는 노승이 절을 하고 있었다. 그 사람은 지켜보다가 문득 똥침이 놓고 싶어져 충동을 억제하지 못하고 힘껏 찔렀다. 그런데 노승은 끄덕도 하지 않고 계속해서 절을 하는 것이 아닌가!

이번에는 젖 먹던 힘까지 다해 찔렀지만 노승은 꿈쩍도 하지 않았다.

드디어 노승이 절을 마쳤다. 그 사람은 존경심이 절로 생겨 스님에게 공손히 합장을 했다. 그러자 노승이 똥침 놓을 자세를 취하면서 나지막이 말했다.

"대시지요."

고승의 심오한 법어

고승이 동자승을 데리고 길을 나섰다. 한참을 가다가 나무 밑에 앉아 잠시 휴식을 취하던 중, 눈을 지긋이 감으며 중얼거렸다.

"심조불산에 호보연자로구나!"

동자승은 고승의 말씀을 심오한 법어라고 생각하고 물었다.

"스님, 지금 하신 말씀은 어느 분의 말씀입니까?"

고승이 한참동안 뜸을 들이다가 말하였다.

"수군인용이로다."

"무슨 뜻인지?"

그러자 고승이 손가락으로 한 곳을 가리켰다. 거기에는 이렇게 쓰여 있었다.

"산불조심, 자연보호, 용인군수."

큰스님의 선문답

큰스님이 제자들을 모아놓고 말씀하셨다.

큰스님 : 다들 모였느냐? 너희들의 공부가 얼마나 깊은지 알아보겠다. 어린 새끼새 한 마리가 있어. 그것을 데려다가 병에 넣어 길렀느니라. 그런데 이게 자라서 병 주둥이로 꺼낼 수 없게 되었다. 그냥 놔두면 새가 더 커져서 죽게 될 것이고, 병도 깰 수 없느니라. 자, 이 새를 꺼낼 방법을 말해보거라. 새도 살리고 병도 깨지 말아야 하느니라.

너희들이 늦게 말하면 늦게 말할수록 새는 빨리 죽게 되느니 빨리 말해보거라.

제자 1 : 새를 죽이든지 병을 깨든지 둘 가운데 하나를 선택하는 수밖에 없습니다.

큰스님 : 미친 놈! 누가 그런 뻔한 소리를 듣자고 그런 화두를 낸 줄 아느냐?

제자 2 : 새는 삶과 죽음을 넘어서 피안의 세계로 날아갔습니다.

큰스님 : 황당하구나. 쯧쯧쯧!

제자 3 : 병도, 새도, 삶도, 죽음도, 순간에 나서 찰라에 사라집니다.

큰스님 : 나무아미타불~! 모르면 가만이나 있거라.

제자 4 : 위상 공간에서 유클리드 기하학이...어쩌고! 3차원 벡터가 한 점을 지나는...저쩌고!

큰스님 : 귀신 씨나락 까처먹는 소리!

제자 5 : 새는 병 안에도 있지 않고, 병 밖에도 있지 않습니다.

큰스님 : 뜬구름 잡는 소리를 하고 자빠졌구나.

제자 1, 2, 3, 4, 5 : "큰스님~ 저희들 머리로는 도저히 모르겠습니다.
도대체 답이 있기나 합니까?"

큰스님 : "있지, 암... 있고 말고... 나무아미타불~!"

제자 : "무엇이옵니까?"

큰스님 : "가위로 자르면 될 거 아니냐. 페트병이었느니라. 나무관세
음보살~!"

택시와 할머니

상황 1

경상도 어느 시골에 사는 한 할머니가 서울에 올라와서 택시를 탔다.

기사 : 어디 가시나요?

할머니 : 이눔이, '팍! 팍!'

기사 : 어이쿠우, 왜 때리시는
　　　데요?

할머니 : 그래, 내는 경상도 가
　　　시나다. 니 놈은 니 할매보고도 가시나라카나?

상황 2

그 할머니가 천호동에서 잠실 역까지 택시를 타고 갔는데 요금이 5,000원이 나오자, 3,400원만 주었다.

기사 : 할머니, 요금이 5,000원인데요?

할머니 : (씨익 웃으면서)이눔아, 니가 처음에 1,600원부터 시작한 것 내
　　　가 다 알고 있다구, 이잉~

택시기사는 또 얻어맞을 까봐 아무런 말도 못하고 그 돈만 받았다.

또 택시로 잠실 역에서 서초동까지 타고 간 요금이 8,000원 나왔는데 4,000원만 주었다.

기사 : 할머니, 요금이 8,000원인데요?

할머니 : 이눔아, 니는 나누기도 모르냐? 니랑 내랑 둘이 타고 왔잖아!

상황 4

다시 밤에 할머니가 천호동 집으로 가려고 하는데 택시들이 서지 않았다. 그래서 옆 사람들을 보니 '따따, 따불!' 이라고 하니 선다.

할머니도 따따따따불 하고 7번을 하니 그 앞에 여섯 대의 택시가 섰다. 그중 가장 마음에 드는 택시를 타고 골목골목으로 들어가 집 앞에 내리니 요금이 15,000원 나왔는데 15,000원만 그대로 주었다.

할머니 : 돈 여기 있쑤다.

기사 : 할머니, 따불이라고 하셨잖아요?

할머니 : 에이! 이눔아, 나이 먹으믄 말 더듬는 것도 모르냐?

상황 5

그 다음 날, 할머니가 시골로 내려가려고 기차를 타기 위해 택시를 탔다. 할머니의 수중에는 돈이 5,000원 있었는데 목적지에 도착하니 요금이 5,500원이었다. 쳐다보는 택시기사에게 할머니가 말했다.

"기사 양반, 500원어치만 뒤로 갑시데이."

버스와 할머니

상황 1

시골 할머니가 오랜만에 서울에 올라와 시내버스를 탔다. 그리고는 버스가 목적지에 다다르자 벨을 누르고 버스가 멈추기를 기다리고 있었다. 그 때 신나게 잠을 자던 한 아저씨가 잠에서 깨어 벨이 눌린 줄 모르고 다시 눌렀다. 그러자 할머니가 화를 냈다.

"우째 꺼부요?"

상황 2

시내버스를 탄 할머니가 기사에게 광화문에 가려면 아직 멀었냐고 물었다. 기사는 아직 멀었다고 대답했으나 할머니가 계속해서 묻자 짜증이 나서 말했다.

버스기사 : 좀 잠자코 계셔요. 광화문 가면 알려 드릴께요.

그러다가 깜박 잊고 광화문을 한 정거장 지나쳤다. 기사는 부랴부랴 버스를 돌려 광화문으로 되돌아왔다.

버스기사 : 할머니~ 광화문 다 왔어요. 내리세요.

그러자 할머니가 느긋하게 말했다.

"그래요? 그러면 이제 한 정거장만 더 가면 되겠구랴~"

노약자석이란?

지하철 전동차의 경로석에 앉아 있던 아가씨가 할아버지가 타는 것을 보고 눈을 감고 자는 척했다. 깐깐하게 생긴 할아버지는 아가씨의 어깨를 흔들면서 말했다.

"아가씨, 여기는 노약자와 장애인 지정석이라는 거 몰라?"

"저도 돈 내고 탔는데 왜 그러세요?"

아가씨가 신경질적으로 말하자 할아버지가 되받았다.

"여긴 돈 안내고 타는 사람이 앉는 자리야."

아가씨 다리 좀 벌려 봐요~!

지하철 전동차 안.

한 시골 아저씨가 고추가 든 자루를 들고 타서는 졸고 있는 아가씨 앞에 서더니 말했다.

"아가씨, 다리 좀 벌려줘요!"

(부시시 눈 뜬 아가씨) "네?"

"놀라긴~ 이 고추 좀 그 다리 사이에 넣게! 아~ 좀 벌려봐요."

마지못해 아가씨가 다리 사이에 고추자루를 놓고 가는데 다음 역에서 좀 급하게 정거를 하는 서슬에 고추자루가 쓰러졌다.

"아가씨, 미안하지만 내 고추 좀 세워줘요~"

다음 역에서도 고추자루가 또 넘어졌는데 이번엔 고추 몇 개가 바닥으로 빠져나왔다.

"아가씨, 내 고추가 빠졌네. 좀 집어넣어 줘요."

아가씨는 얼굴이 뜨거워져 도저히 그대로 앉아 있을 수가 없어 자리를 양보하려고 일어서는데 아저씨가 큰소리로 말했다.

"아가씨, 이제 내 고추 좀 뺍시다. 나도 내려야 해."

아가씨가 얼굴이 홍당무가 되어 도망가는데 할머니가 말했다.

"아이구, 그 사람 물건 한번 탐스럽네. 내는 어디서 저렇게 크고 좋은 물건을 구하나?"

직업정신

수술을 마치고 늦게 귀가하던 어느 의사가 배가 너무 고파서 병원근처의 레스토랑을 들어갔다.

'음... 뭘 먹지? 배와 등이 사돈되자고 하는데…….'

그때 웨이터가 메뉴판을 들고 다가오는데 폼이 영 어정쩡한 것이 엉덩이 쪽이 불편해 보였다.

의사는 직업의식이 발동하여 물었다.

"혹시 치질 있습니까?"

그러자 웨이터.

"메뉴판에 있는 것만 시키세요."

남탕, 여탕 메뉴

대학생들이 구내도서관에서 공부를 하다가 배가 고파지자, 학교 앞의 할매식당을 찾아갔다. 그 식당의 메뉴 판에는 남탕, 여탕 두 가지 메뉴 밖에 써 있지 않았다.

학생들은 '메뉴가 뭐 저래?' 하며 할머니를 불렀다.

"할머니, 할머니. 남탕은 뭐고, 여탕은 뭐예요?"

할머니가 말했다.

"느그덜 아직 아그덜이구나... 뭐 긴 뭐여, 남탕은 알탕이고, 여탕은 조개탕이지……."

곰보와 갈보

얼굴이 곰보인 총각이 장가를 못 가서 안달을 하다가 주인집 아줌마의 소개로 제법 그럴싸한 아가씨를 만났다. 그런데 알고 보니 그녀는 변두리 대폿집에서 다목적으로 일을 하던 아가씨였다.

곰보총각은 장가 가고 싶은 욕심에 눈 꾹 감고 데이트를 신청했다. 그렇게 공원 등을 함께 다니다가 배가 고파서 식당에 들어갔다.

웨이터 : 무엇을 주문하시겠습니까?

아가씨 : 전 갈비탕요.

총각 : 저는 곰탕으로요.

웨이터 : 보통이요? 특이요?

둘이 모두가 '보통이요.' 라고 대답하자, 웨이터가 주방에다 대고 소리쳤다.

"여기 2번 테이블에 갈보 하나, 곰보 하나요~"

곰보총각은 화가 엄청 나서 눈에 쌍심지를 켜고 따졌다.

"누굴 보고 곰보고 갈보라는 거야? 손님한테 무슨 말이 그래?"

웨이터가 눈이 똥그라져 말했다.

"왜 그러세요? 곰탕 보통이 곰보이고, 갈비탕 보통이 갈보인데요?"

욕쟁이 식당 할머니

할머니가 자영하는 식당이 있었다.

그 식당은 음식 솜씨도 꽤 유명하지만 누구나 배불리 먹고 나올 수 있다는 점과 주인 할머니의 욕으로 널리 알려져 있는 곳이었다.

단골 손님이 들어왔다.

손님 : 할매... 밥 줘!

할머니 : 머 하느라고 여태 밥도 못 얻어 처먹고 댕겨!

손님 : 하하, 여전하시네요?

할머니 : 여전허긴 썩을 놈아! 그새 변하면 얼매나 변했겠냐? 물이나
　　　　　처먹어!

할머니는 차가운 보리차를 물통 째 가져다주었다. 그 때 건장한 체격의 한 남자가 들어왔으나 빈자리가
없었다.

남자 : 안녕하세요. 자리 없
　　　　습니까?

할머니 : 자리 없으니까 여
　　　　기 같이 낑겨 앉아
　　　　처먹어! 이놈아!

남자 : 어……?

할머니 : 왜그려, 이놈이. 내

말이 껄끄럽냐?

남자 : 아, 아닙니다. 연세도 많으신데 뭐…….

남자는 어물쩍 넘어가려고 얼버무렸다.

할머니 : 그럼 아무데나 앉아. 국시 먹고 체한 놈처럼 서 있지 말고…….

남자 : 자리도 없는데 좀 기다렸다 먹죠 뭐...

할머니 : 배 고픈데 뭘 기다려! 여기 같이 앉아 처먹어!

그 남자는 할머니의 막말에 당황한 기색을 보이더니 혼자 앉아 있는 여자 옆에 합석을 하였다. 여자가 웃으며 말했다.

여자 : 여기 처음 오셨나봐요?

남자 : 네.

여자 : 후후. 제대로 오셨네요.

남자 : 여기는 메뉴 판이 없네요?

여자 : 네. 없어요. 그냥 주는 대로 먹어야죠. 후훗!

처음 이 식당에 오면 참 곤혹스럽다. 우선 할머니의 말투도 그렇고, 내 돈 내고 밥 먹으면서 주는 대로 먹어야 하고...

잠시 후, 할머니가 달랑 밥 한 공기에 국 한 그릇을 갖다가 그 남자에게 주면서 말했다.

"흘리지 말구 처먹어!"

그러나 그는 식사를 하지 않고 계속 앉아만 있었다.

할머니 : 왜 안 처먹어? 제사 지내냐? 쌍늠아!

남자 : 반찬은 안 주세요?

할머니 : 앞에 반찬 있는데 멀 따로 줘... 같이 처먹으면 되지!

여자 : 여기는 원래 그래요. 같이 드세요. 엄마, 장조림이나 더 줘...

남자 : 헛... 어머니세요?

여자 : 아뇨... 여기선 그냥 그렇게 불러요. 후훗!

할머니 : 이 년아. 사내라고 또 꼬리 치냐! 이 년은 사내만 보면 침을
　　　　질질 흘려, 아주...

여자 : 엄마두 참... 국 조금만 더 줘요.

할머니 : 바빼 이년아, 니가 가서 퍼먹어!

그러는 중에 남자는 어느새 밥 한 공기를 먹어치웠다. 그러자 할머니
가 밥그릇을 휙~ 뺏어가더니 처음보다 더 많은 누룽지를 담아다가 주
면서 말했다.

할머니 : 이것까지 남기지 말고 다 처먹어!

남자 : 네. 고맙습니다.

남자가 다 먹고 계산을 하려고 일어났다.

남자 : 잘 먹었습니다. 얼마예요?

할머니 : 알아서 내고 가!

남자 : 네?

할머니 : 알아서 내라고! 귓구녕에 말뚝 박았냐?

남자는 어이 없어 하며 5,000원을 내밀었다.

할머니 : 너 사장이야?

남자 : 아뇨...

할머니 : 월급쟁이지?

식
당
에
서

남자 : 네.

할머니 : 월급쟁이가 무슨 밥값으로 오천 원씩이나 처질러, 이런 쳐죽
일 늠아! 가서 열심히 일하고, 돈 열심히 벌어 모아. 기집 엉
덩이에 돈 다 쑤셔 박지 말고!

질펀한 욕 한 사발이 꿀맛으로 바뀌는 풍경이었다.

악어의 눈물

악어는 음식을 먹을 때 눈물을 흘린다.

자신의 먹이가 된 동물의 죽음을 슬퍼해서 그럴까?

그게 아니라 악어는 눈물샘의 신경과 입을 움직이는 신경이 같기 때
문이다. 악어는 음식물을 씹을 때 눈물샘이 자극이 된다. 그래서 위선적
인 눈물을 악어의 눈물, 즉 '크로커다일 티어스crocodile tears' 라고 한다.

관계자 외 출입금지

산부인과 병원에 임산부가 실려왔다.

소리를 고래고래 지르며 침대에 실려 가는 그 임산부 옆엔 남편으로 보이는 남자가 있었다.

"여보! 여보! 조금만 참아!"

"아아아아아악~!"

임산부를 실은 침대가 분만실로 들어가자 남편이 같이 들어가려 했다. 그때 간호사가 관계자 외 출입금지이니 밖에서 기다리라고 했다. 그러자 그 남편이 정색을 하며 말했다.

"보소. 내가 바로 그 관계자잉기라~"

엉뚱한 의사

어떤 여자가 정신과 의사를 찾았다.

"선생님, 전 술만 먹었다하면 남자를 밝혀요, 그리고..."

그러자 의사가 잠깐만 기다리라고 하더니 장식장 문을 열었다. 그리고 양주 한 병을 꺼내 놓으며 말했다.

"우리 같이 술 한 잔 하면서 천천히 진찰해봅시다."

의사한테 따지지 말자

소변이 네 줄기로 나오는 고민녀가 있었다. 그녀가 비뇨기과 병원에 갔는데, 의사가 키득키득 웃으면서 치료를 해주었다.

"아니, 선생님! 치료를 하면서 왜 기분 나쁘게 웃으세요?"

"단추가 끼여 있었어요."

쌍둥이

네 명의 남자가 산부인과 병원에서 각자의 부인들이 분만하기를 초조하게 기다리고 있었다. 간호사가 첫 번째 남자에게 말했다.

"축하합니다, 쌍둥이 아빠가 되셨어요."

그러자 그 남자가 말했다.

"정말 우연의 일치입니다. 전 LG트윈스에서 일하고 있거든요."

간호사가 이번에는 두 번째 남자에게 말했다.

"선생님은 세 쌍둥이 아버지가 되셨네요."

"거참, 이상하네요. 전 삼성에서 일하고 있거든요."

잠시 후 간호사는 세 번째 남자에게 말했다.

"기네스북 감이네요 일곱 쌍둥이 아빠가 되셨습니다."

"우와! 설마 했는데... 전 칠성사이다에서 일하거든요."

그런데 그 말을 들은 네 번째 남자가 그대로 기절했다.

그 남자는 119 구조대원이었다.

의사가 멋져서

한 여자가 새로운 담당의사에게 진찰을 받으러 갔다. 그런데 의사를 만나보니 진짜 멋진 킹카였다.

의사 : (환자의 등에 손을 대며)팔십 팔이라고 말해보시오.

환자 : (기분 좋다는 듯 산뜻하게)팔십 팔~

의사 : 좋습니다. 이제 목에 손을 댈 테니까 다시 한번 더 팔십 팔이 라고 말하세요.

환자 : 파알... 십 파 알...

의사 : 좋습니다. 이제 가슴에 얹을 테니까, 다시 한번 말씀해보세요.

그러자 여자가 가쁜 숨을 내쉬며 세기 시작했다.

"하나, 둘, 셋, 넷, 다섯, 여섯..."

찜질방에서

남자와 여자 여럿이 어울려 찜질을 하고 있었다.

한 아주머니가 투덜댔다.

"여자들은 얼라 놓기 때문에 나이를 먹으면 온몸이 다 아픈 기라~ 신경통도 생기고……. 그래서 찜질을 하지만 남자들은 무엇 때문에 찜질을 하는지 이해가 안 된다 아이가."

그러자 옆에 있던 남자가 말했다.

"아지매요. 여자들은 얼라 놓느라고 고생했지만 남자들은요~ 얼라 맹그느라고 무릎팍이 다 까지고, 그때 신경통이 생긴 거 앙이요? 그놈의 무릎 신경통 땜에 오는 거 모르요?"

선심

띠리리리링...

사우나에서 핸드폰이 울리자 한 아저씨가 받았다.

전화기 : 아빠... 나 엠피 쓰리 사도 돼?

아저씨 : 어, 그래.

전화기 : 아빠... 나 핸드폰 사도 돼?

아저씨 : 그럼... 좋은 걸로 사렴!

전화기 : 아빠, 아빠... 그리고 TV 사도 돼?

아저씨 : 어, 너 사고 싶은 것 다 사~

아저씨는 전화를 끊고 소리쳤다.

"이 핸드폰 주인 누구예요?"

화장실에서의 대화

영수가 화장실에서 진지하게 큰일을 보고 있는데 옆칸에 있는 사람이 말을 걸어왔다.

옆칸 : 안녕하세요?

영수 : (아니, 무안하게 큰일 보면서 웬? 이 사람이 혹시 휴지가 없어서 그러나...)

아... 네. 안녕하세요?

인사에 답을 했는데 별 얘기가 없다.

잠시 후, 다시 말을 건네는 옆칸 남자...

옆칸 : 점심식사는 하셨어요?

영수 : (이 사람, 화장실에서 무슨 밥 먹는 얘기를 한담. 그러나 예의는 바르구만!)

네. 저는 먹었습니다. 식사 하셨습니까?

그 사람의 말이 아직 끝난 것 같지 않아 영수는 나오지를 못하고 그대로 앉아 있었다.

그러자 옆칸에서 들리는 말.

"저, 전화 끊어야겠습니다. 옆에 이상한 사람이 자꾸만 말을 걸어서요."

낙서명언

1.

전철역, 남자 화장실 소변기 위.
'신사는 매너, 한 걸음 앞으로 다가서십시오.'
그런데 그 밑에 누가 낙서를 했다.
'남자는 힘! 입구에서도 문제없다!'

2.

젊은이여! 당장 일어나라.
그대는 지금 그렇게 앉아 있을 때가 아니다.

3.

당신이 사색思索에 잠겨 있는 동안
밖에 있는 사람은 사색死色이 되어간다.

4.

당신이 밀어내기에 힘쓰는 동안
밖에 있는 사람은 조이기에 힘쓴다.

인체에서 '지'자로 끝나는 명칭

미팅이벤트 사에서 50쌍의 남녀가 참가한 가운데 단체 미팅을 주선하였다. 파트너가 정해지고 게임이 흥겹게 진행되자 사회자가 상품을 내걸더니 야리한 표정으로 퀴즈를 냈다.

"사람 몸에서 '지'자로 끝나는 신체부위는 무엇이 있을까요?"

사방에서 답들을 말하느라 정신이 없었다. '장딴지, 허벅지, 엄지, 검지, 중지 등등' 이런 식으로 답을 얘기하다가 이내 조용해졌다. 사회자는 음흉한 표정을 지으며 유도했다.

"자... 답이 아직 남았습니다. 이번에 정답을 말하시는 분에게는 10만원 상품권을 한 장 드립니다."

그러나 그 상황에서 누가 그걸 얘기하겠는가? 좋은 이성을 만나기 위해 온갖 내숭을 떨어야 하는 마당에.

그때였다. 한 아가씨가 손을 들자 온 시선이 그 아가씨에게로 집중되었다.

사회자 : (음흉한 웃음으로)예, 말씀하시죠.

아가씨 : (배시시 웃으며)모가지!

푸하하... 사람들이 모두 배꼽을 잡았다. 그 아가씨는 정말 예쁜 얼굴에 청순함을 갖춘 퀸카였다. 그런 아가씨가 '모가지'라고 말하다니... 그러나 짓궂은 사회자는 그냥 넘어갈 수 없다.

사회자 : (야시시하게 쳐다보며) 아, 대단하시군요. 하나 더 말하면 1장 더

드립니다.

모든 이의 눈이 다시 아가씨의 입술에 집중되었다.

아가씨 : (곤혹스런 표정을 짓다가) 아! 해골바가지!

푸하하... 우와! 대단한 아가씨네. 모두들 박수를 치며 웃느라 정신이 없다.

사회자 : (열 받아서) 좋습니다. 마지막으로 하나만 더요. 항공권까지 드립니다.

아가씨 : (잠시 침묵을 지킨 후) 배때지!

사회자 : (완전히 열 받아서) 좋~습니다. 마지막으로 하나만 더요. 이젠 남은 상품 다 드립니다.

아가씨 : (침을 꼴깍 삼키며) 코~딱~지!

사람의 수명에 얽힌 비화

하느님이 소를 만들고 말했다.

"너는 60년만 살아라. 단 사람들을 위해 평생 일만 해야 한다."

그러자 소는 일만 할 바에야 30년은 버리고 30년만 살겠다고 했다.

다음에는 개를 만들고 말했다.

"너는 30년을 살아라. 단 사람들을 위해 평생 집만 지켜라."

그러자 개 역시 그럴 바에야 15년은 버리고 15년만 살겠다고 했다.

세 번째로 원숭이를 만들고 말했다.

"너는 30년만 살아라. 단 사람들을 위해 평생 재롱을 떨어라."

그러자 원숭이도 15년은 버리고 15년만 살겠다고 했다.

네 번째로 사람을 만들고 말했다.

"너는 모든 동물들이 너를 위해 시중을 들어 줄 것이니 25년만 살되 대신 생각할 수 있는 능력을 주마."

그러자 사람은 소가 버린 30년, 개가 버린 15년, 원숭이가 버린 15년을 다 자기한테 달라고 했다.

그래서 사람은 본래 주어진 시간 25살까지는 그냥저냥 살고, 소가 버린 30년 즉, 26살~55살까지는 일을 하며 살고, 개가 버린 15년으로는 퇴직하여 집보기로 살고, 원숭이가 버린 15년으로는 손자손녀 앞에서 재롱을 떨며 살게 되었다고 한다.

인체의 비밀

1. 심장

◆ 성인 심장의 무게는 350g~400g, 길이는 12~15cm, 폭은 약 9cm이다.

◆ 분당 심장 박동수는 60~70회로, 하루 평균 약 10만 번, 평생 27억 번을 뛴다. 새의 심장은 분당 1,000번이 넘게 뛴다.

◆ 심장은 1분에 4.7리터, 시간당 약 300리터의 피를 퍼낸다.

◆ 일반적으로 체중이 70kg되는 사람의 피의 양은 약 5.2리터이다.

◆ 여자가 임신을 하면 피의 양이 25%정도 증가한다.

◆ 혈관의 총 길이는 약 96,000km로 적도둘레의 두 바퀴 반이다.

◆ 우리 몸을 돌고 있는 피는 40~50초만에 심장으로 되돌아온다.

◆ 심장의 시간당 에너지 생산량은 약 6,000cal로 평생동안의 힘을 계산하면 30톤 짜리 바위 덩어리를 에베레스트산 정상까지 밀어 올릴 수 있는 양이 된다.

◆ 적혈구는 골수에서 매초마다 2만 개씩 생성되고 수명은 120~130일 정도이며, 평생동안 약 반 톤 가량 생산된다.

◆ 우리 인간의 몸에는 10조 개의 세포조직이 있고, 25조 개의 적혈

구와 250억 개의 백혈구가 있다. (자동차는 13,000개, 747제트여객기는 3백만 개, 우주 왕복선은 5백만 개의 부속품을 필요로 한다.)

◆ 콜레스테롤은 인간의 몸에 해로운 것으로 알려져 있지만, 음식물 안의 지방을 녹이는 등 생리작용에서 생·화학적으로 아주 중요하다. 콜레스테롤을 너무 많이 섭취하면 간에 부담을 주고 혈관 속에 쌓여 급기야는 혈관을 막아서 사람을 죽게 하기도 하지만 우리 몸에서 필수 불가결한 요소이다.

2. 허파

◆ 사람의 허파는 오른쪽보다 왼쪽이 더 무겁다.

◆ 허파는 폐포라고 하는 공기주머니가 무려 3천만 개 정도나 된다. 이 폐포를 납작하게 편다면 그 넓이는 약93평방미터 정도가 된다.

3. 뇌

◆ 뇌는 100억 개의 신경세포와 100조 개의 신경세포 연결부를 가지고 있어서 뇌 속의 상호 연결은 사실상 한계가 없다.

◆ 뇌는 몸무게의 2%밖에 되지 않지만 뇌가 사용하는 산소의 양은 전체 사용량의 20%이다. 또 우리가 섭취한 음식물의 20%를 소모하고, 전체 피의 15%를 사용한다.

◆ 하루에 섭취하는 열량의 1/4이 뇌에서 사용된다.

◆ 인간의 뇌는 고통을 느끼지 못한다. 가끔 머리가 아픈 것은 뇌를 싸고 있는 근육에서 오는 것이다.

4. 위

◆ 위벽을 이루는 50만 개의 세포들이 매분 죽어서 새 세포들로 대치
된다. 3일마다 위벽 전체가 새것으로 바뀌는 것이다.

◆ 소화란 강한 산성과 알칼리성 사이의 위태로운 평형작용이라 할
수 있다. 위산은 아연을 녹여버릴 정도로 강하지만 위장에서 분비
되는 알칼리성 분비물이 위벽이 녹지 않도록 막아 준다.

◆ 위산은 바이오리듬에 의해 일정한 시간(아침, 점심, 저녁)에 분비되고,
이때에 식사를 하지 않으면 배가 고픈 것을 느끼는데 이것은 위벽
이 상하고 있다는 신호이다.

5. 뼈

◆ 갓난아기는 305개의 뼈를 갖고 태어나는데 커가면서 여러 개가 합
쳐져서 206개정도로 줄어든다. 그중 절반이 손과 발에 있다.

◆ 뼈의 조직은 끊임없이 죽고 다른 조직으로 바뀌어 7년마다 한번씩
몸 전체의 모든 뼈가 새로 바뀐다.

◆ 인간의 몸에서 가장 강력한 뼈는 넓적다리뼈이다. 이는 강철과 같
은 정도의 압력을 견뎌낼 수 있다. 즉 화강암보다 강해서 성냥갑
만한 크기로 10톤을 지탱할 수 있다. 이는 콘크리트보다 4배가 강
한 것이다.

◆ 어린애가 두 살이 되면 그 키가 태어날 때의 두 배가 되는데 이는
어른이 되었을 때의 키를 예측하는 기준이 된다. 두 살 된 남자아
이의 키는 어른이 되었을 때의 49.5%이고 두 살 된 여자아이는 어

른이 되었을 때의 52.8%라 한다.

◆ 우리의 키는 저녁때보다 아침때의 키가 0.8cm정도 크다. 낮 동안 우리가 서 있거나 앉아있을 때 척추에 있는 물렁한 디스크 뼈가 몸무게로 인해 납작해지기 때문이다. 밤에는 다시 늘어난다.

6. 눈, 코, 입

◆ 눈을 한번 깜빡이는데 걸리는 시간은 1/40초이다. 인간의 눈은 이상조건에서 10만 가지의 색을 구분할 수 있지만, 보통은 150가지를 구별해낸다.

◆ 두 개의 콧구멍은 3~4시간마다 그 활동을 교대한다. 즉 한쪽 콧구멍이 냄새를 맡는 동안 다른 하나는 쉰다.

◆ 모든 인간은 코에 극소량의 철(Fe)을 가지고 있어서 커다란 자장이 있는 지구에서 방향을 잡기 쉽도록 해준다. 빛이 없을 때 이것을 이용해서 방향을 잡는다.

◆ 혀에는 9,000개 이상의 미각세포가 있다. 혀에 침이 묻어있지 않으면 절대로 맛을 알 수 없고, 코 속에 물기가 없으면 냄새를 맡을 수 없다.

◆ 재채기는 시속 160km의 속도로 퍼지는데 이는 야구에서 투수가 던지는 공보다 훨씬 빠르다. 또한 눈을 감고 재채기를 하는 것은

불가능하다.

7. 손 발

◆ 손톱, 발톱의 경우 뿌리부분에서 손 · 발가락의 끝까지 성장하는데
에는 6개월이 걸린다.

◆ 발은 저녁때에 가장 커진다. 하루 종일 걸어다니다 보면 모르는
사이에 발이 붓기 때문이다. 그러므로 신발은 저녁 때에 사는 것
이 좋다.

◆ 지문이 같을 가능성은 640억 : 1이다. 때문에 이 세상사람들의 지문
은 모두 다르다고 생각하면 된다.

8. 피부

◆ 인체에서 가장 큰 기관은 피부이다. 어른 남자의 경우 피부의 넓
이는 1.9평방미터, 여자의 경우는 1.6평방미터이다.

◆ 피부는 끊임없이 벗겨지고 4주마다 완전히 새 피부로 바뀐다. 즉
우리는 부모가 물려준 이 천연의 완전방수 가죽옷을 한 달에 한번
씩 갈아입는 것이 된다.

◆ 한사람이 평생동안 벗어버리는 피부의 무게는 48kg정도이고, 1,000
번 정도를 새로 갈아입는다.

9. 근육

◆ 눈의 근육은 하루 약 10만 번 움직인다. 다리가 이 정도의 운동을

하려면 적어도 80km는 걸어야 한다. 한 단어를 말하는데는 650개의 근육 중 72개가 움직인다.

◆ 성인이 가진 근육의 수는 650개이고, 관절은 100개 이상이다.

◆ 남자는 여자보다 모든 것의 무게가 많이 나가지만 단 하나 예외로, 지방은 여자가 남자보다 더 많이 가지고 있다. 이것이 여자를 아름답게 만든다

◆ 개미는 자기 몸보다 50배나 무거운 것을 들 수 있고, 벌은 자기보다 300배 더 큰 것을 운반할 수 있는데, 인간으로 보면 10톤 짜리 트레일러를 끄는 것과 같다.

10. 기타

◆ 매일 남성의 고환은 한국 인구의 10배에 달하는 정자를 만들어낸다.

◆ 여자가 아기를 출산할 때는 자궁입구가 평상시보다 500배나 크게 열린다.

◆ 인간은 위와 비장의 50%, 간의 70%, 내장의 80%, 폐 1개를 떼어내도 살 수 있다.

◆ 남자의 몸은 60%, 여자의 몸은 54%가 물로 되었기 때문에 대개 여자가 남자보다 술에 빨리 취한다.

◆ 아이들은 깨어있을 때보다 잘 때 더 많이 자란다. 갓 태어난 아기는 만져주지 않으면 성장하지 않을 뿐만 아니라 상황에 따라서는 죽기도 한다. 그래서 요즘 병원에서는 시간을 나누어서 교대로 간호사들이 갓 태어난 아기를 안아준다.

성에 대한 상식 : 남자

1. 한번 사정할 때 방출되는 정액의 양 : 1/2 숟가락

2. 평생동안 남자가 사정하는 평균회수 : 7,200번

3. 평생동안 자위행위로 사정하는 평균회수 : 2,000번

4. 평생동안 사정하는 정액의 평균적인 양 : 14 갤런

   (욕조를 채우는 데 드는 물의 평균적인 양은 35 갤런)

5. 사정하는 평균속력 : 28 마일/h(버스의 평균속력은 25 마일/h)

6. 숟가락 한 개에 담긴 정액의 평균열량 : 7 칼로리

   (음료 캔의 평균 열량은 150 칼로리)

7. 발기하지 않았을 때 음경의 평균 길이 : 3.5 인치(1인치 : 약 2.54cm)

8. 발기했을 때 음경의 평균길이 : 5.1 인치

9. 기록상 가장 작은 음경길이 : 5/8 인치

10. 기록상 가장 큰 음경길이 : 11 인치

11. 가장 발기가 잘되는 시간대 / 계절 : 이른 아침 / 가을

12. 자위행위를 하는 남성의 비율 : 60%

13. 하루에 한번이상 자위행위를 하는 남성의 비율 : 54%

14. 자위행위를 자주 할 때 죄책감을 느끼는 남성의 비율 : 41%

15. 남자가 다시 발기하는 데 걸리는 시간 : 2분에서 2주일

16. 남자가 하루에 발기하는 평균회수 : 11번

17. 남자가 밤에 발기하는 평균회수 : 9번

18. 정자가 난자에 도달하기까지의 거리 : 3.4 인치

19. 정자가 난자에 도달하는데 걸리는 시간 : 2.5 초

20. 정자의 일생 : 2개월 반(만들어져서 사정할 때까지)

21. 성기능 향상을 위한 최선책 : 금연, 운동, 체중감량

22. 성생활을 증진시키는 음식 : 굴, 기름기 없는 육류, 해초, 모든 곡
    물류의 눈, 닭발

23. 음경의 혈액순환을 좋게 하는 향기 : 라벤더, 감초, 초콜릿, 도넛

24. 정액의 맛 : 일반적으로 먹는 음식에 따라 다르다.

인간의 수명을 70세라 할 때 일어나는 일들

◆ 소변을 본다 : 38,300리터

◆ 꿈을 꾼다 : 127,500번

◆ 심장이 뛴다 : 27억 번

◆ 운다 : 3,000번

◆ 난자 생산량 : 400개

◆ 정자 생산량 : 4천억 마리

◆ 웃는다 : 54만 번

◆ 음식물을 먹는다 : 50톤

◆ 눈을 깜빡인다 : 3억 3천 3백만 번

◆ 물을 마신다 : 49,200 리터

◆ 머리카락이 자란다 : 563km

◆ 손톱이 자란다(한 손가락) : 3.7m

◆ 심장에서 피를 퍼보낸다 : 3억 3천 1백만 리터

파리의 암수 구별법

아내가 주방에 들어가니 남편이 파리채를 들고 어슬렁거리고 있었다.

"뭘 하는 거예요?"

"파리 잡고 있잖아."

"그래, 잡기는 했고요?"

"그럼, 수컷 세 마리하고, 암컷 두 마리를 잡았지."

"그걸 어떻게 알아요?"

"셋은 맥주 깡통에 있었고, 둘은 전화기에 있었거든."

영리한 강아지

사람의 말을 알아듣는 영리한 강아지가 있었다.

무엇에 대해 물었을 때 긍정일 때에는 "멍!"하고 한번을 짖었고, 부정일 때에는 "멍! 멍!"하며 두 번을 짖었다.

그 집에 손님이 찾아왔다.

손님 : 아저씨 계시냐?

강아지 : 멍!

손님 : 아주머니도 계시고?

강아지 : 멍!

손님 : 애들은 있니?

강아지 : 멍! 멍!

손님 : 그럼, 두 분은 뭐 하시니?

강아지 : 헥~! 헥~! 헥~!

피임한 꼬꼬

아줌마가 양계장에서 계란을 한 판 샀다. 집에 와서 후라이를 하려고 하나를 깼다. 그런데 노른자가 두 개였다.

기분 나쁘게 생각한 아줌마는 양계장으로 가져가서 이야기했다. 그러자 양계장 주인이 닭들을 모두 불러모아 놓고 호통쳤다.

"어젯밤에 두 탕 뛴 놈 나와~"

아주머니는 다시 후라이를 하려고 바꿔온 계란을 깼다. 이번에는 노른자가 아예 없었다. 기분이 상해서 또 쫓아갔다.

양계장 주인은 닭들을 모두 불러 모은 후 다시 소리쳤다.

"어젯밤에 피임한 놈 누구야?"

어차피 개 같은 놈

◆ 개와 달리기를 해서 이기면 개보다 더한 놈

◆ 개와 달리기를 해서 비기면 개 같은 놈

◆ 개랑 달리기를 해서 지면 개보다 못한 놈

토끼의 집념

토끼가 약국에 찾아가 물었다.

"당근 있어요?"

약사가 없다고 하자 그냥 돌아온 토끼는 다음 날 또 가서 물었다.

"당근 있어요?"

"없대두~"

다음 날, 토끼가 그 약국을 또 찾아가 물었다.

"당근 있어요?"

"없어! 한번만 더 귀찮게 물어보면 가위로 귀 잘라버린다~".

다음 날 또 토끼가 그 약국을 찾아갔다.

"아저씨, 가위 있어요?"

약사.

"아니."

그러자 또 물었다.

"그럼, 당근 있어요?"

나도 소문 들었어, 새꺄~

3일 동안 굶은 호랑이가 있었다.

먹이를 찾아다니다가 드디어 어설프게 쭈그리고 있는 토끼를 보고 한 발에 낚아챘다. 그러자 금방 간이 부어오른 토끼가 말했다.

"이거 놔, 새꺄~"

순간 어안이 벙벙해진 호랑이가 얼떨결에 놔주었다.

호랑이는 상상도 못한 황당한 반격에 대단한 충격을 받았다.

다음 날, 충격에서 깨어나지 못한 채로 방황하던 호랑이가 또 토끼를 발견하고 다시 낚아챘다. 그러자 토끼가 눈을 부라리며 말했다.

"나야, 새꺄~"

또다시 충격에 휩싸인 호랑이는 또 얼떨결에 놔주었다.

그 다음날 또 토끼를 잡았다. 이번엔 그 예전의 토끼가 아니라 다른 토끼였다. 그런데 호랑이는 그 토끼의 한마디에 쇼크를 받고 그만 죽어 버렸다.

토끼의 한마디.

"나도 소문 들었어. 새꺄~"

요즘 같은 불경기에……

고양이가 쥐를 쫓고 있었다.

처절한 레이스를 벌이다가 그만 놓쳐버렸다. 아슬아슬한 찰라에 구멍으로 들어가 버린 것이다. 그런데 쥐구멍 앞에 쪼그려 앉은 고양이가 갑자기 '멍멍! 멍멍멍!' 하고 짖어댔다.

"뭐야, 이거. 바뀌었나?"

쥐가 궁금하여 머리를 구멍 밖으로 내미는 순간 고양이가 잽싸게 나꿔챘다. 그리고 고양이의 의기양양한 한마디.

"요즘 같은 불경기에 먹고살려면 적어도 2개 국어는 해야지!"

터프한 쥐

쥐 세 마리가 모여서 터프함에 대해서 논쟁을 벌이고 있었다. 첫 번째 쥐가 보드카를 단숨에 비우더니 탁자를 힘껏 내리치며 말했다.

"난 말이야, 쥐덫만 보면 벌렁 누워버리고 싶더라고. 침대보다 편안한 게 바로 쥐덫인 것 같아."

그 말을 들은 두 번째 쥐가 보드카 두 잔을 연거푸 마시고 나서 벽을 향해 유리컵을 던져 박살내고는 말했다.

"난 말이야, 쥐약만 보면 사족을 못 쓰지. 통째로 주머니에 넣고 와서 매일 아침 커피 마실 때 조금씩 타 먹는데, 그 맛이 일품이더라구!"

세 번째 쥐가 무료하다는 듯이 기지개에 하품을 하면서 말했다.

"난 이렇게 너희들과 앉아서 이야기할 시간이 없는 몸이야. 오늘 밤은 아래 동네 김씨네 고양이하고 뜨거운 밤을 보내기로 했거든"

건방진 앵무새

못난이가 동물 가게 앞을 지나가고 있었다. 그런데 새장에 있던 앵무새가 말을 걸었다.

"이봐, 못난이! 너 정말 못 생겼다."

못난이는 화가 났지만 앵무새와 무슨 말다툼을 하겠냐 싶어 그냥 지나쳤다. 다음 날, 못난이가 또 그 가게를 지나치는데 앵무새가 다시 말을 걸었다.

"이봐, 못난아. 지금 다시 봐도 넌 정말 못생겼다!"

못난이는 또 꾹 참고 지나갔다. 그런데 다음 날도 앵무새가 어김없이 약을 올렸다.

"이봐, 못난이~! 진짜 못 생겼네. 그 얼굴로 어떻게 돌아다니니?"

더는 참을 수 없어 못난이는 씩씩거리며 주인에게 따졌다.

"이것 보세요~ 도대체 앵무새 교육을 어떻게 시켰길래 저렇게 버릇이 없어요?"

가게주인은 다시는 그런 말을 안 하도록 교육시키겠다며 사과했다.

그 다음 날, 못난이가 편안한 마음으로 가게 앞을 지나가는데 앵무새가 실실 웃으며 또 불렀다.

"이봐, 못난이!"

"왜?"

"내가 말 안 해도 알지?"

금붕어의 기억력

이봐! 인간들! 당신들 말이야. 나를 수족관에 키우는
건 좋다 이거야. 근데 달랑 두 마리 집어넣고 물레방
아 설치하는 건 좀 오버 아냐? 그리구 말이야. 당신들
이 내 기억력이 3초라고 말하는데 시간 재 봤어?

또 그리구 말이야. 당신들은 내 기억력이 3초라고 말
하는데 시간 재봤어? 재봤냐구?

음... 또 뭐였더라. 아! 그리구 말이야. 당신들이
내 기억력이 3초라고 말하는데 시간 재 봤어?

음... 할 얘기가 또 있었는데 음... 맞다. 당
신들은 내 기억력이 3초라고 말하는데 시간 재
봤냐구, 재봤어?

오래 살다 보니

거대한 코끼리가 낮잠을 자고 있었다. 그런데 개미가 등산을 한다고 배낭을 메고 코끼리 배 위로 올라갔다. 깜짝 놀라 잠에서 깬 코끼리가 소리쳤다.

"야 임마, 무겁다. 내려가라!"

그러자 개미가 앞발을 번쩍 치켜들면서 소리쳤다.

"조용해! 자식아, 꽉 밟아 죽이기 전에!"

그러자 그 광경을 지켜보던 하루살이가 중얼거렸다.

"세상을 오래 살다 보니 별 꼬라지 다 보겠네!"

개미의 수영복

개미가 수영장에서 수영하는 코끼리를 째려보며 불렀다.

"야! 코끼리!"

그러나 코끼리는 들은 척도 하지 않고 계속 수영을 했고, 개미는 수영장이 쩌렁쩌렁 울리도록 더 큰소리로 소리를 질렀다.

"야 임마~ 코끼리! 너 이리 나와~"

기가 찬 코끼리가 피식 웃으며 다가왔다.

"와 그라는데?",

그러자 코끼리의 위아래를 훑어보더니 말했다.

"됐어. 들어가!"

코끼리는 화를 참으며 다시 물었다.

"와 나오라캤는데?"

개미의 대답.

"누가 내 수영복을 훔쳐갔잖아. 니가 입었나 해서……."

처음엔 다 그런 거야~

여성 편력에 끼가 많은 개미 한 마리가 고민에 빠졌다.

'어떻게 하면 코끼리하고 거시기를 한번 해볼까?'

드디어 그 방법을 찾았다.

일단 코끼리가 놀고 있는 위치를 정확히 확인한 후 그 옆에 있는 높은 나무 위로 올라갔다. 그리고는 코끼리의 거시기 부분을 조준하여 정확히 뛰어내린 후 땀을 뻘뻘 흘리면서 열심히 작업에 들어갔다.

그때 코끼리의 뒤편에 있던 원숭이가 개미의 어이없는 모습에 개미를 향해 야자나무 열매를 힘껏 던졌다. 그런데 그 야자열매가 코끼리의 뒤통수에 정통으로 떨어졌다. 코끼리가 소리쳤다.

"아야! 아파!"

그러자 개미가 만족해하며 하는 말.

"응, 아팠어? 처음엔 다 그렇게 아픈 법이야! 조금만 참아. 살살 해줄게. 응?"

참새 시리즈

참새 · 1

빨간 참새와 파란 참새가 전깃줄에 앉아 있다.

그런데 빨간 참새는 총알 2방, 파란 참새는 총알 1방으로 잡을 수가 있다. 당신은 총알을 2방을 갖고 있는데 어떻게 하면 두 마리를 다 잡을 수 있을까?

먼저 파란 참새를 쏜다. 그럼 빨간 참새는 파란 참새가 죽는 걸 보고 소스라치게 놀라서 몸이 점점 파랗게 질리게 된다. 그러면 나머지 한방으로 쏜다.

참새 · 2

참새 한 마리가 전깃줄에 앉아 있다가 포수가 총을 쏘자 맞아 죽었다. 그런데 가서보니 참새 백 마리가 죽어 있었다. 어떻게 된 일일까?

죽은 참새의 이름이 '백 마리' 였다.

참새 · 3

포수가 전깃줄에 앉아 있는 참새를 쏘려 하자 그 참새가 '하하하 니가 날 쏘면 내 다리에 장을 지지겠다!' 라고 비웃었다. 포수는 분노하여 한방에 쏘아 명중시켰다. 참새가 그렇게 용감할 수 있었던 이유?

간이 부어서.

참새 · 4

참새가 날아가다가 포수의 머리 위에 똥을 쌌다.

화가 난 포수.

"야! 넌 팬티도 안 입냐?"

그러자 참새가 한마디 했다. 뭐라고 했을까?

넌 팬티 입구 똥 누냐?

참새 · 5

참새 두 마리가 여관 옆에 있는 전깃줄에 앉아 있었다.

그런데 희한하게도 참새 한 마리가 나머지 참새의 털을 모조리 뽑고 있는 것이었다. 아까부터 참새를 노리던 포수는 '저 놈을 잡으면 털을 안 뽑아도 되겠구나' 싶어 깃털이 없는 참새를 쏘았다.

총탄은 조금도 어김없이 참새를 명중시켰다. 이때 남아 있던 참새가 무섭게 사냥꾼을 쏘아보며 투덜거렸다. 뭐라고 말했을까?

망할 놈, 겨우 꼬셔서 벗겨놨는데... 아깝다.

바보 시리즈

문제 1

나 : 이 문제는 답이 2개야. 저~기 저~기 산 넘고, 산 넘고, 또 산 넘어서 사과나무 한 그루가 있어. 거기에 사과가 몇 개 열려 있게?

바보 : 야! 그걸 내가 어떻게 알아?

처음 시작할 때 답이 2개라고 알려줬다.

문제2

나 : 빨간 집은 레드 하우스, 노란 집은 옐로우 하우스, 파란 집은 블루 하우스지. 그럼 투명한 집은?

바보 : 몰라~

비닐 하우스.

문제 3

나 : 정원이 100명인 잠수함에 99명이 탑승을 했는데 가라앉아 버렸어. 왜 그랬을까?

바보 : 글쎄…….

잠수함은 다 가라앉는다.

가문의 전통

'머리가 좀 모자라면 어때? 예쁘기만 하면 됐지...' 라고 생각한 남자가 아이큐는 70밖에 안 되지만 몸매가 섹시하고 늘씬한 아가씨에게 프로포즈를 했다.

남자는 당연히 오케이 할 것이라고 생각했었는데 여자가 한참을 심각하게 고민하더니 말했다.

"미안하지만 그럴 수는 없어요."

자존심이 상한 남자가 이유가 뭐냐고 따지자 여자가 말했다.

"그건 곤란해요. 왜냐하면 우리 집 전통은 집안사람들끼리만 결혼을 하거든요. 할아버지는 할머니와, 아빠는 엄마와, 외삼촌은 외숙모와, 그리고 고모부는 고모와……."

바보의 명답

바보가 사는 집에 강도가 들었다.

강도 : 꼼짝마!

바보 : .....

강도 : 내가 낸 문제를 10초 안에 맞추면 살려주지. 삼국시대의 나라
　　　　이름들을 말해봐!

바보는 답을 몰랐다. 10초가 다 지나고 강도가 칼을 들이대자, 바보가
말했다.

"으메! 배·째·실·라·고·그·려?"(백제, 신라, 고구려)

바보의 첫날밤 · 1

바보가 어렵게 결혼을 하게 되니 그의 아버지는 걱정이 많았다. 그래서 신혼여행을 가는 아들한테 모르는 일이 있으면 전화를 하라고 일렀다.

드디어 첫날 밤.

바보는 어떻게 해야하나 걱정을 하다가 아버지에게 전화를 걸었다.

바보 : 지금 호텔 방이거든요. 어떻게 해야 돼요?

아버지 : 우선 목욕부터 하고나서 신부를 침대에 눕혀라.

바보는 아버지의 말대로 목욕을 하고 나와서 신부를 침대에 눕혔다. 그리고는 다시 전화를 걸었다.

바보 : 담에는 어떻게 해요?

아버지 : 누워 있는 신부한테 다이빙해서 덮쳐라.

바보가 누워 있는 신부 위로 다이빙을 하는데 겁이 난 신부가 두 손으로 밀쳐버렸다. 그러자 바보는 그만 침대에서 떨어지면서 모서리에 머리를 부딪쳐 피가 흘렀다. 그래도 바보는 다시 전화를 걸었다.

바보 : 아버지, 피가 나는데요. 어떻게 해요?

아버지 : 그럼, 됐다. 계속해라! 계속...

바보의 첫날밤 · 2

바보가 장가를 갔다. 그런데 3년이 지나도 아기가 없었다.

시어머니가 며느리에게 이유를 물었다. 며느리가 말했다.

"하늘을 봐야 별을 따지요."

시어머니는 아들이 시키지 않은 일은 절대로 하지 않는다는 것을 알기에 즉시 아들을 불러 성교육을 시켰다.

"오늘 밤에 새 아기가 방에 들어오면 어미가 밖에서 북을 두드릴 테니 북소리에 맞춰서 네 아내와 허리운동을 되풀이 하거라."

밤이 되자 손자를 보고싶은 시어머니는 밖에서 북을 두드리고, 방안에선 아들 내외가 3년 만에 첫날밤을 치르기 시작했다. 그런데 시어머니의 기력이 문제가 되었다.

'둥! 일분 후 둥! 이분 후 둥! 한참 있다가 둥!' 하고 있으니 방안에서의 일이 제대로 이루어질 턱이 없었다.

그때 마침 마실 갔던 시아버지가 들어오다가 이 광경을 목격하고 자초지종을 알게 되었다. 시아버지가 시어머니에게 물었다.

"당신도 오십 년 전에 내게 시집 와서 이런 일이 있었는데, 그때 당신 시어머니가 북을 느리게 치니 어땠나?"

"답답했지요."

"그럼, 그 북 이리 줘!"

시아버지는 북채의 반을 분질러서 양손에 하나씩 단단히 잡고서 요즈

음 드럼 치듯이 마구 두드리기
시작했다.
　둥둥둥둥둥…둥둥둥둥둥!!!!!
다음 날 시아버지 국에는
고기가 넘쳤고, 시어머니의
국에는 뼈다귀만 있더라나?

그걸 어떻게 아버지가 해요?

맹구가 큰 암소를 끌고 가자 지나가던 동네 할아버지가 물었다.

"맹구야! 암소를 끌고 어디 가니?"

"짱구네 집에 교접시키러요."

"아니, 왜 그런 일을 너의 아버지가 직접 하지 않으시고?"

"에이, 그걸 어떻게 아버지가 직접 해요? 암소가 해야지……."

너기미 18

선생님은 맹구가 수학은 못하지만 김을 아주 좋아한다는 것을 알고 있었다. 그래서 수학 시간에 이렇게 문제를 냈다.

"맹구야! 니가 나에게 김을 여덟 장을 주었다. 그런데 철이도 열 장을 주었다. 그럼 내가 가지고 있는 김이 모두 몇 장일까?"

그러자 맹구의 대답.

"니기미 18이다"(너의 김이 18장이다.)

맹구의 웅변 발표

맹구는 혀가 짧아서 아이들과 어울리지도 못하고, 발표도 못했다.

어머니는 고민 끝에 맹구를 웅변학원에 보냈다. 한달 정도 웅변학원을 다닌 맹구가 마침내 학교에서 반대표로 발표를 하게 되었다.

그런데 맹구가 발표를 시작하자마자 아이들이 모두 도망을 가거나 책상 밑으로 숨었다. 그 이유는 맹구의 연설 때문이었다.

"디금부터 데가 우리 반 대포로 발포하겠듭니다."

아저씨는 누구세요?

맹구가 학교에서 시험을 보면 매번 꼴등만 하였다.

맹구 아버지는 너무나 속이 상하고 화가 났다. 그래서 한번 만 더 꼴등 하면 부자의 관계를 끊겠다고 엄포를 놓았다.

그것은 엄포일 뿐, 아버지는 그렇게 할 생각이 손톱만큼도 없었지만 맹구는 사정이 달랐다.

맹구는 다음 시험에서 또 꼴등을 하자 풀이 죽어 돌아왔다. 그리고는 아버지가 '맹구 오니?' 하고 반기자 고개를 돌리고 말했다.

"아저씨는 누구세요?"

이병 맹구

맹구가 군에 입대를 하여 중대 행정반에 근무하고 있는데 따르릉! 하고 전화벨이 울렸다.

맹구 : 필승! 3중대 행정반 이병 맹구임다.

상대방 : 여기 위병소인데 잠시 후에 짬차(음식물 쓰레기 수거차량) 들어간다.

맹구 : 예. 알겠슴다.(덜컥!)

중대장 : 뭐라나?

맹구 : 예, 장갑차가 들어온담다.

중대장은 중대원 전원을 연병장에 비상 대기시켰다. 그러나 한참을 기다려도 장갑차는 오지 않고 짬차가 털털거리며 들어왔다. 화가 난 중대장은 중대원들을 완전군장시켜 뺑뺑이를 돌렸다. 그러나 맹구는 이등병이라 빠지고 고참들만 돌았다. 몇 시간이 지나 중대장이 맹구에게 지시했다.

중대장 : 이제 그만 반성문들 쓰고 들어오라고 해.

맹구 : 예. 알겠슴다.

그리고 헐레벌떡 연병장으로 뛰어간 맹구가 말했다.

"이제 방독면 쓰고 돌람다."

세상에 믿을 놈 하나도 없네

아버지가 맹구를 데리고 목욕탕에 갔다.

먼저 온탕에 들어간 아버지가 말했다.

"으아! 시원하다. 너도 어서 들어오너라."

맹구는 부랴부랴 들어갔는데 너무도 뜨거워서 후다닥 뛰쳐나오며 소
리쳤다.

"세상에 믿을 놈 하나도 없네."

화가 난 아버지는 누가 지아비 보고 '놈'이라고 하냐며 아들을 마구
때렸다. 그러자 맹구가 투덜거렸다.

"때려라! 때려. 죽으면 니 아들 죽지 내 아들 죽냐?"

목욕이 끝난 후, 미안하게 생각한 아버지가 맹구의 화를 풀어 줄 요
량으로 함께 만두가게로 갔다.

그리고는 만두 열 개를 주문하여 세 개는 맹구에게 주고 일곱 개는
아버지가 먹었다. 일어서면서 아버지가 말했다.

"어때? 배부르니?"

그러자 나팔입이 된 맹구가 말했다.

"세 개 먹은 놈이 배부르면 일곱 개 먹은 놈은 배터지겠다."

큰 사건 맡았어!

맹구가 뜻밖에 경찰 채용 1차 필기시험에 붙었다. 그리고 2차 면접시험을 보는 날, 면접관이 질문을 하였다.

"백범 김구 선생을 누가 살해했는지 말해보게."

맹구가 우물쭈물 대답을 못하자 내일까지 알아오라고 하였다.

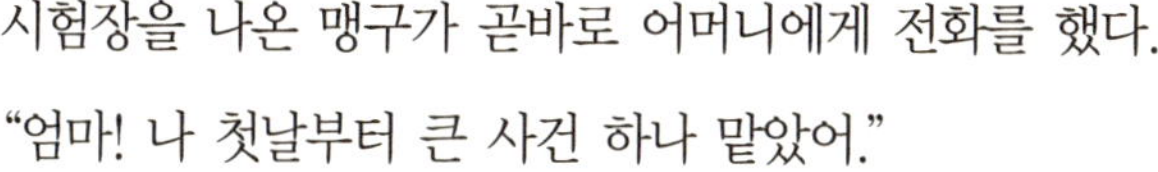

시험장을 나온 맹구가 곧바로 어머니에게 전화를 했다.

"엄마! 나 첫날부터 큰 사건 하나 맡았어."

집 다 탔어!

맹구네 집에 불이 났다. 혀가 짧은 맹구가 119에 전화를 했다.

맹구 : 여보데요? 여보데요? 아더띠 저희 딥에 불나떠요.

119 : 뭐라고? 무슨 말하는 거니? 얘야?

맹구 : 아더띠, 아더띠, 저희 딥에 불나따니깐요.

119 : 똑바로 좀 얘기 해 봐라. 뭐라구?

맹구 : 저희 딥에 불나따니까~요.

119 : 정말 미안한데. 다시 한번 말해줄래?

맹구 : 딥 다 타버렸다, 에라, 띱대야...

먹는 게 남는 것

공부를 못하는 만득이는 오늘도 학교에 남아서 공부를 해야 했다.

선생님이 물었다.

"만득아, 이 문제만 풀면 보내줄 테니 잘 해봐. 10빼기 5는 얼마?"

"6이요."

"아니야. 다시 잘 생각해봐. 사과 10개 중에서 네가 5개를 먹었어...
그럼 몇 개가 남지?"

그러자 만득이가 얼른 말했다.

"5개가 남죠."

선생님이 놀라 되물었다.

"오~ 우리 만득이 잘하네! 어떻게 맞췄지?"

"울 엄마가 먹는 게 남는 거라고 했거든요."

숙제

유치원생 만득이에게 선생님이 '남극에 사는 동물 5가지 적어오기' 숙제를 내주었다. 만득이는 아무리 생각해도 두 가지밖에 생각이 나지를 않았다. 그래서 형한테 물어보았으나 바쁘다고 가르쳐 주지를 않았다.

고심 끝에 만득이가 쓴 답.

"곰 2마리, 펭귄 3마리"

멋진 첫날밤

만득이가 결혼식을 끝내고 신부와 함께 신혼여행지로 떠났다.

밤이 되었는데 만득이는 잠 잘 생각은 않고 창문을 열어 둔 채 계속 밤하늘만 쳐다보고 있었다.

은근히 달아오른 신부가 물었다.

"저어... 잠 안 잘 거예요?"

만득이는 여전히 창에 매달린 채 대답했다.

"친구들이 오늘밤처럼 멋진 밤은 다시 없을 거라고 했단 말이야. 그런데 아직 달라진 게 아무 것도 없네. 조금만 더 기다려 보자고."

만득의 임신

만득이가 몸이 무지하게 아파 병원을 갔더니 의사가 검사용 소변을 받아 오라고 했다. 만득이는 정성 들여 한컵 가득이 받아다 주었다.

만득이가 병원을 나온 사이 간호사가 잘못하여 만득이의 소변을 쏟고 말았다. 난감해진 간호사는 망설이다가 옆에 있는 다른 사람의 소변을 만득이의 소변통에 나눠 부었다.

다음 날, 만득이가 검사 결과를 확인하러 병원에를 갔더니 의사가 만득이를 뚫어져라 쳐다보는 것이었다. 만득이는 겁이 덜컥 났다.

"왜요? 무슨 못된 병이라도 들었나요?"

의사는 고개를 절레절레 흔들며 말했다.

"내 의사 생활 20년에 이런 일은 처음이요. 당신 지금 임신이요."

그러자 만득이가 화를 내며 말했다.

"그 논이 안된다고 해도 자꾸만 위에서 한다고 하더니... 기어이 나를 임신시켰구나!"

만득이와 버스

만득이가 아들과 함께 올림픽 공원을 가기 위해 시내버스를 탔다. 이 윽고 버스에서 '다음 내리실 곳은 올림픽 공원입니다.' 라고 안내 방송 이 나오자, 만득이 부자는 출입구 앞에 섰다.

그런데 어떻게 내려달라고 하는 줄 몰라 당황하기 시작했다. 그러더 니 만득이가 갑자기 아들을 때려 울려 놓고 자기도 따라서 소리내어 엉 엉 우는 것이었다.

사람들이 깜짝 놀라서 '왜 그러냐' 고 묻자 손으로 출입구 위를 가리 켰다.

위에는 이런 문구가 붙어 있었다.

'부자가 울리면 문이 자동으로 열립니다.'

귀머거리가 된 사오정

만화 서유기를 보면 사오정의 캐릭터가 나온다. 머리에 삼각 두건 같은 것을 쓰고 귀가 보이지 않는 형국이다. 그래서 그런지 그는 듣는 귀가 둔하고, 한번 들은 것은 곧이곧대로 듣고 말하고 해석하는 바람에 융통성 없고 고지식한 사람을 말할 때도 흔히 사오정이라고 한다. 요즘 사오정은 명퇴를 할 4~50대의 사람들을 일컫는다.

사오정이 소원을 들어준다는 동굴에 갔다.

그 동굴에서는 의문문 형식으로 말을 해야 소원을 들어주었다.

즉 '왕이 되고 싶습니다.' 라고 하면 안되고, '왕이 되고 싶니?' 라고 해야 했다. 사오정은 그걸 몰랐다.

사오정 : 부자가 되고 싶습니다.

동굴 : (잠잠...)

사오정 : 부자가 되고 싶습니다아~!

동굴 : (잠잠...)

사오정 : 부자가 되고 싶다고요오~!

동굴 : (잠잠...)

몇 번을 소리쳤으나 동굴은 그의 소원을 들어주지 않았다. 열 받은 사오정이 소리쳤다.

"야! 너 귀먹었니?"

그러자 사오정은 떼깍! 귀가 먹어 버렸다.

사오정이 보청기를 하나 장만했다.

그런데 수업이 시작되자 맨 뒤에서 '이~여~이~' 하고 자꾸 이상한 소리가 났다.

선생님 : 야. 거기 맨 뒤... 필기 안 하고 왜 그래?

사오정 : 안 보여서요.

선생님 : 그래? 니 눈이 몇인데?

사오정 : 둘인데요.

선생님 : 아니, 아니. 그거 말고 니 눈이 얼마냐고?

사오정 : 제 눈은 안 파는데요.

선생님 : 니 눈이 얼마나 나쁘냐고?

사오정 : 제 눈은 뭐... 나쁘고 착하고 그런 거 없는데요.

사오정과 사과나무

    초등학생 사오정에게 현장학습을 시키기 위해 선생님이 다른 아이들과 함께 과수원으로 갔다. 그리고 여러 가지 과일에 대해 쉽고 재미있게 설명했다.

선생님 : 지금 너희들이 보고 있는 게 사과나무야. 너희들 사과 좋아하지?

아이들 : 네에~!

선생님 : 농촌에서 아저씨 아주머니들이 땀흘리면서 열심히 일하시는 덕분에 너희들이 맛있는 사과를 먹을 수 있는 거야. 그러니까 늘 감사하는 마음을 잊으면 안 돼. 알았지?

아이들 : 네에~!

    그러나 사오정은 선생님의 말씀은 듣는 둥 마는 둥, 사과나무를 요리조리 살피다가 손을 번쩍 들었다.

사오정 : 선생님~ 질문 있어요.

선생님 : 그래, 뭐가 궁금하니?

사오정 : 이게 사과나무라고 하셨죠?

선생님 : 그래.

사오정 : 분명히 사과나무 맞죠?

선생님 : 그래, 사과나무 맞어.

사오정 : 거짓말하지 마세요.

선생님 : 거짓말이라니? 선생님은 거짓말 한 적 없어.

사오정 : 그럼~ 무는 왜 없어요?

선생님 : 오정아, 이건 과일나무야. 무는 채소고...

사오정 : 선생님이 아까 분명히 사과나, 무라고 하셨잖아요!

문교부장관 이름은?

사오정이 옛날에 학교 다닐 때의 일이다.

국어수업을 하던 선생님이 물었다.

"문교부장관이 누군지 아는 사람 있나?"

모두들 꿀 먹은 벙어리처럼 선생님의 얼굴만 쳐다보고 있자 선생님이 묘한 힌트를 던졌다.

"문교부에서 발간한 책에 장관 이름이 안 나오나?"

사오정은 국어책의 제일 뒷장을 열어보았다. 그러나 펴낸이만 문교부로 나와있을 뿐 장관 이름은 없었다.

사오정은 가방 속에서 다른 교과서를 꺼내 보았다. 생물과 물상을 한데 묶은 과학책을 보니 겉장 제일 꼭대기 오른쪽에 '문교부 장관 검정필' 이라고 쓰여 있었다.

사오정이 기운차게 손을 들자 선생님이 물었다.

"어, 아는 사람이 있네. 누구지?"

"예. 검정필입니다."

공양미 삼백 석

사오정이 길을 가다가 깊은 웅덩이에 빠졌다.

사오정 : 살려 주세요~ 사오정 살려 주~!

때마침 지나가던 스님이 그 소리를 듣고서 구해주었다.

사오정 : 이 은혜를 어떻게 갚아야 할까요?

스 님 : 괜찮습니다. 다 부처님의 은공인걸요...

그래도 사오정은 뭔가를 하겠다고 우겼다.

사오정 : 꼭 은혜를 갚게 해주세요. 무엇을 어떻게 하면 좋을까요?

스 님 : 꼭 그러시다면, 부처님께 공양미 삼백 석만 바치세요.

사오정 : 예. 그렇게 하겠습니다. 정말 감사합니다.

다음 날, 스님은 법당에 나갔다가 기절하고 말았다.

고양이 삼백 마리가 우글우글...

장안의 화제

시골에 사는 한 청년이 호랑이를 잡아서 장안의 화제가 되었다.

사오정이 그 청년을 찾아가 물었다.

"자넨 무슨 수로 그렇게 큰 호랑이를 잡았나?"

"아주 간단해. 일단 호랑이가 살고 있을 것 같은 큰 굴을 찾아가라고... 그리고 그 앞에서 휘파람을 불어. 그러면 호랑이가 어슬렁어슬렁 기어 나올 거야. 그때를 놓치지 않고 총을 쏘면 돼."

듣고 보니 무척 간단했다. 해서 사오정도 호랑이를 잡으러 떠났다.

그로부터 한 달이 지난 후,

사오정과 청년이 다시 만났다. 그런데 사오정이 온몸을 붕대로 칭칭 감고 목발 차림으로 나왔다.

"아니, 자네 몸이 왜 그 지경인가? 내가 하라는 대로 한 거야?"

"물론 시킨 대로 큰 굴 앞에 가서 휘파람을 불었지."

"그래, 그러니까...?"

"부산행 새마을열차가 나와서 덥치더라고!"

사
오
정
시
리
즈

사오정의 이력서

사오정이 그동안의 방탕한 백수생활을 청산하고 취직을 하기로 마음을 먹었다. 밤샘을 해가면서 열심히 이력서를 작성한 후 친구 팔계에게 옷을 빌려 입고 평소 생각해 두었던 회사에 찾아가 이력서를 자신 있게 내놓았다.

이력서

성명 : 사오정

본적 : 누굴 말입니까?

주소 : 뭘 달라는 겁니까?

호주 : 가본 적 없음

성별 : 성에 별은 없음

신장 : 두 개 다 있음

가족관계 : 가족과는 관계를 갖지 않음

지원동기 : 우리 학과의 팽영구

모교 : 엄마가 다닌 학교라서 난 모름

자기소개 : 우리 자기는 아주 날씬하고 키가 크며 예쁨

수상경력 : 영월에 가서 나룻배 타 본 적 있음

면접시험

손오공과 사오정이 회사에 취직시험을 치러 갔다.

필기시험이 끝나고 면접을 볼 차례가 되자 먼저 손오공이 들어갔다.

면접관 : 첫 번째 질문입니다. 좋아하는 축구선수는 누구입니까?

손오공 : 예. 옛날에는 차범근이었다가 지금은 차두리입니다.

면접관 : 두 번째 질문입니다. 산업혁명은 언제 일어났나요?

손오공 : 예. 18세기입니다.

면접관 : 마지막 질문입니다. UFO가 있다고 생각하십니까?

손오공 : 과학적인 근거는 없지만 제 소견에는 그렇다고 생각합니다.

사오정은 손오공에게 면접시험 내용을 꼬치꼬치 캐물었다.

물론 손오공은 시험의 내용과 답을 순서에 맞추어 잘 일러주었다.

회심의 미소를 띤 사오정은 손오공이 일러준 답을 머릿속에 모두 암기했다. 그리고 득의만만해서 호출을 기다렸다. 이윽고 면접관 앞에 선 사오정은 목에 힘을 잔뜩 주고, 어깨를 쫙 폈다.

면접관 : 첫 번째 질문입니다. 당신의 이름은 무엇입니까?

사오정 : 예. 옛날에는 차범근이었다가 지금은 차두리입니다.

면접관 : 두 번째 질문입니다. 당신의 생년월일은 언제입니까?

사오정 : 예. 18세기입니다.

면접관 : 아니, 이보세요. 당신 미친 사람 아니에요?

사오정 : 과학적인 근거는 없지만 제 소견에는 그렇다고 생각합니다.

사오정은 애국자

사오정이 배를 타고 해외 여행에 나섰다. 한참 바다 한 가운데를 향해하고 있는데 갑자기 '쿵!' 소리가 나더니 배가 가라앉기 시작하는 것이었다. 모두 당황하고 있을 때, 선장이 갑판 위로 올라가서 말했다.

"여러분, 지금 이 배에는 구명조끼가 3개 모자랍니다."

그러자 사람들이 웅성거리기 시작하였다.

그 때 중국 사람이 일어나더니 비장한 얼굴로 '유구한 역사의 나라 중국 만세!' 하고 외치며 바다에 뛰어 들었다.

다음에는 미국사람이 벌떡 일어나더니 '위대한 나라 미국 만세!' 하며 뛰어 내렸다.

이에 사오정이 벌떡 일어나더니 옆에 있던 일본 사람을 들어 바다에 던지면서 외쳤다.

"대한 독립 만세!"

사오정의 사랑 이야기

사오정이 아름다운 서양 소녀와 사랑에 빠졌다.

그러나 숙맥인 사오정은 그 소녀에게 사랑한단 고백을 하지 못했다. 그럴 수밖에 없는 것이 영어가 되지 않았던 것이다.

그래서 사오정은 삼장법사를 찾아가 열심히 영어를 배웠다. 하지만 영어가 그렇게 쉽게 배워질 리 없었다.

그런데 소녀가 그녀의 고국으로 떠나게 되었다. 사오정은 한 마디를 외워서라도 마음을 전하고 싶어 삼장법사에게 물었다.

사오정 : '가지마' 가 영어로 뭐죠?

삼장법사 : 돈 고 (Don 't go)

사오정 : 뭐라고요?

삼장법사 : 돈 고

사오정 : 뭐요?

삼장법사 : (큰 소리로)톤 코우~!

사오정 : 아~ 알겠어요!

다음 날, 소녀가 떠나기 위해 작별인사를 하고 버스에 올라탔다.

사오정은 수줍어서 그때까지 한 마디도 하지 못하고 있다가 버스가 출발하여 점점 속도가 빨라지자 눈물을 흘리며 버스를 따라 뛰기 시작했다. 그리고는 있는 힘을 다해 소리쳤다.

"똥꼬~ 똥꼬오~"

삶은?

사오정이 '인생이란 무엇인가? 삶이란 무엇인가?' 라는 철학적 의문에 대해 심각하게 고민하기 시작했다. 해답을 찾으려고 많은 노력을 했지만 뜻대로 되지 않았다.

머리를 깎고 산 속에 들어가서 수련도 해보았으나 역시 찾지 못 했다. 그래서 포기하고 기차를 타고 집으로 가는 중이었다.

그때 기차 안에서 '삶은 계란이나 오징어, 땅콩!' 하며 외치며 물건을 파는 아저씨가 지나갔다. 그러자 사오정이 무릎을 탁! 쳤다.

"그렇구나. 삶은 바로 계란이나 오징어 땅콩이야!"

최불암 · 1

최불암이 스님들의 모임에 참석했다.

스님들이 각자 자기소개를 했다.

"난 해인사 김이요."

"난 불국사 박이요."

"난 충렬사 김이요."

드디어 최불암 차례가 왔다.

"난 칠성사~이다요."

최불암 · 2

최불암이 길을 가는데 길 한가운데에 이상한 것이 보였다.

조심성 많은 최불암, 쪼그리고 앉아 손가락으로 찍어 맛을 보더니 말했다.

"퓨하! 똥이다. 하마터면 밟을 뻔했잖아!"

최불암 · 3

조직의 두목이 다른 조직의 깡패 2명과 맞딱뜨렸다.

"너는 누구냐?"

"난 막가파 김이다."

또 다른 깡패.

"나는 가오리파 박이다."

마침 옆에 있던 최불암에게도 물었다.

"너는 또 누구냐?"

당황한 최불암이 부들부들 떨며 기어드는 소리로 대답했다.

"나는 초코파~ 이다다."

최불암 · 4

최불암이 극장엘 갔다.

그런데 컴컴한 곳에서 이상야릇한 신음 소리가 들리는 거였다.

극장안내원이 그 곳으로 가 보았다. 범인은 바로 최불암이었다.

"나이도 지긋하신 분이 왜 이러시죠?"

"너도 2층에서 떨어져봐~ 임마!"

최불암 · 5

최불암이 친구와 함께 여행을 가서 여관에서 자게 되었다.

그런데 함께 잠을 자던 친구가 갑자기 일어나더니 주전자의 물을 벌컥! 벌컥! 마시고 나서 머리를 두 번 흔들고 벽에 두 번 박는 것이었다.

최불암.

"왜 그러는데? 물이 그렇게 맛있나?"

그러나 그 친구는 아무 말이 없었다.

궁금해진 최불암, 자기도 일어나서 주전자의 물을 먹더니 똑같이 머리를 2번 흔들고 벽에 두 번 막으면서 내뱉는 말.

"짜식! 물이 뜨거우면 말로 하지."

최불암 · 6

최불암 부인이 회사를 그만두고 집에서 놀고 있던 최불암에게 시장에 좀 다녀오라고 심부름을 시켰다. 그러면서 물건을 사는데 바가지를 쓸까봐 미리 일러 주었다.

"뭘 살 때는 그냥 사지 말고 무조건 '싸게 해달라'고 하여 사세요."

최불암은 알았다고 대답하고는 시장으로 갔다. 가면서 '무조건 싸게 해달라고 해야지.'라고 다짐했다.

그런데 최불암이 잔뜩 사온 것은 변비약이었다. 부인이 어찌 된 일이냐고 묻자 최불암이 말했다.

"싸게 해달랐고 했더니 이거 주데~"

아기를 업은 아주머니가 버스에 타자 운전기사가 놀려댔다.

"그 아이 참 못생겼구나."

화가 난 아주머니가 운전기사하고 한바탕 싸우기 시작했다.

그리고 나서도 아주머니는 화가 안 풀려서 택시를 타고 버스회사로 찾아갔다.

그곳에서 아주머니는 민원실에서 안내를 하고 있는 최불암을 만나게 되었다. 최불암이 물었다.

"무슨 일로 오셨어여?"

"운전사의 무례함을 항의하러 왔어요."

그러자 최불암이 아주머니에게 불편 신고서라는 종이를 건네주면서 말했다.

"여기에다 자세한 내용을 적어 주세여. 그 동안 그 원숭이는 제가 안고 있을 게여."

최불암이 배를 타고 가다가 난파되어 여인과 함께 무인도에 갇혔다. 그런데 그 여인은 매일 얼굴을 단장하는 것이었다.

그러한 여인의 행동을 눈여겨 본 최불암.

그녀가 자기에게 관심이 있는 증거라고 생각하고 은밀한 수작을 수차례 시도했으나 최불암의 그것을 본 그 여인은 중요한 그것이 작다고 거절했다.

그러던 중 동굴 속에서 요술램프가 나왔다.

최불암이 요정에게 간청했다.

"요정님! 저를 멋지고 튼튼하고 부유한 사람으로 만들어 주세요. 제발 부탁입니다."

그러자 요정이 대답했다.

"전 한 가지 소원밖에 들어줄 수가 없습니다."

최불암은 생각을 바꾸어 여인과의 찐한 밤을 생각하며 말했다.

"제 그것이 땅에 닿게 해주세요."

잠시 후, 최불암의 다리가 점점 줄어들더니 그것이 땅에 닿았다.

팬티는 왜 벗기는데?

아들 : 아버지, 오백 원만 줘!

아버지 : 뭐하게?

아들 : 고무줄 사려고.

아버지 : 고무줄은 뭐하게?

아들 : 새총 만들지~

아버지 : 새총은 만들어서 어디에 쓰려고?

아들 : 새 잡으려고.

아버지 : 새는 잡아서 뭐하게?

아들 : 팔지~

아버지 : 팔아서 뭐하게?

아들 : 고무줄 사려고~

아버지 : 고무줄은 뭐하러 사?

아들 : 새총 만들지~

아버지 : 어이구! 이게 언제 제 정신이 들려나?

아버지는 아들을 정신병원에 입원시켰다.

그리고 5년 후, 면회를 간 아버지에게 아들이 대뜸 말했다.

아들 : 아버지, 저 오천만 원만 주세요.

아버지 : 엥? 그 많은 돈을 뭐하게?

아들 : 차 사려고요.

"

아버지 : 차? 차는 왜?

아들 : 여자 꼬시려고요.

아버지 : 어이구~ 이제야 니가 제정신으로 돌아왔구나. 여자를 꼬시
면 어떻게 하려고?

아들 : 여관으로 데려 가야죠.

아버지 : 오호! 그 다음엔 뭐하지?

아들 : 옷을 벗겨야죠.

아버지 : 아이구 내 아들~ 그래, 그 다음에는?

아들 : 물론 팬티를 벗겨야죠.

아버지 : 팬티는 왜 벗기는데?

아들 : 고무줄 빼서 새총 만들게요.

개 같은 남자

한 남자가 정신병원에 뛰어들어 의사에게 살려달라고 외쳤다.

그는 자신이 자꾸만 개라는 생각이 들어 미치겠다고 하였다.

의사가 물었다.

"언제부터 그런 생각을 가지게 되었나요?"

"강아지 때부터 쭉 그랬습니다."

생쥐가 된 남자

　자신이 생쥐라고 믿고 있는 남자
가 정신병원에 입원을 했다.
　오랜 치료 끝에 드디어 완쾌되어
퇴원하는 날이 되었다. 환자는 의사
선생님에게 정중하게 인사를 하고 병원
문을 나가려다가 갑자기 몸을 움츠리더니 물었다.
　"선생님 부탁이에요. 뒷문으로 나갈 수는 없을까요?"
　"왜 그러죠?"
　"저기를 좀 보세요. 입구에 고양이가 있잖아요."
　"당신은 이제 쥐가 아니잖아요?"
　의사는 화가 나서 소리쳤다.
　"그건 그렇지만, 저 고양이도 그걸 알고 있을까요?"

사이코 독서회

정신병원에 입원한 환자들이 독서회를 만들었다.

그리고 두꺼운 책을 가지고 와서 토론을 벌였다.

한 회원.

"이 책은 주인공은 많은데 형식이 너무 나열식이고 천편일률적이야."

다른 회원.

"무슨 소리야? 셀 수 없을 정도로 많은 등장 인물이 일목요연하게 정리되어 있어서 읽기가 편하고 좋던데……."

그렇게 한창 격렬한 토론을 벌여가고 있는데 간호원이 급하게 들어와서 말했다.

"전화번호부 누가 가져갔어요?"

이에는 이

교회에서 목사님이 설교 중이었다.

그런데 갑자기 정신병자 한 명이 뛰어들어오며 소리쳤다.

"나는 예수다!"

다른 신자들이 안타까워 눈물을 흘리며 어쩔 줄을 모르는데 목사님이 방송실로 급히 뛰어 올라가더니 마이크에 에코를 넣고 낮은 목소리로 말했다.

"난~ 난~ 난~ 너를~ 너를~ 너를~ 보낸 적이 없다~ 다~ 다~"

그러자 날뛰던 그 환자는 조용히 나갔다.

화끈하게 보여주죠

건달이 버스에 타니 손님은 미니스커트를 입은 아가씨 혼자뿐이었다.
건달은 수작을 걸고 싶어졌다.

"아가씨, 다리가 정말 멋있군요. 만 원을 드릴 테니 오 센티만 더 올
릴 수 없어요?"

"호호~ 그 정도야 문제없죠. 그러지 말고 십 만원을 주세요. 그러면
맹장수술한 데까지 보여줄 게요."

"에엥? 거 좋지."

아가씨는 돈 십 만원을 받아 쥐었다. 그때 버스가 정신병원 앞에 섰
다. 그러자 아가씨가 버스에서 내리면서 소리쳤다.

"여기 이 병원이 내가 맹장 수술한 데예요."

돌겠다, 돌아

영수가 정신병원 앞을 지날 때 자동차 타이어가 펑크 났다.

그 바람에 바퀴를 지탱해 주던 볼트가 풀어져 하수도 속으로 빠졌다. 영수는 속수무책으로 어찌할 바를 모르고 발만 굴렀다. 그때 정신병원 담장 너머로 이 광경을 지켜보던 환자 한 명이 일러주었다.

"여보세요! 그렇게 서 있지만 말고 남은 세 바퀴에서 볼트를 하나씩 빼서 펑크난 바퀴에 끼우고 카센터로 가세요!"

영수는 정말 '굿 아이디어'라고 생각하고 물었다.

"고맙습니다. 정말 고맙습니다. 그런데 당신 같은 분이 왜 정신병원에 있죠?"

그러자 그 환자가 말했다.

"나는 미쳤기 때문에 여기 온 거지 너처럼 멍청해서 온게 아냐!"

말도 안 돼

정신병원에 남녀환자 두 사람이 입원해 있었다.

어느 날, 남자환자가 병원내 수영장에 뛰어 들었는데 한참이나 지나도 떠오르지 않았다. 그걸 본 여자환자가 뛰어 들어 그 남자를 물 밖으로 끌어내 구조했다.

병원장이 그 얘기를 전해듣고 그 여자환자는 정상으로 회복되었다고 판단해서 퇴원시키기로 했다.

그녀를 찾아 간 병원장이 말했다.

"좋은 소식과 나쁜 소식을 동시에 전해 드리겠습니다. 먼저 좋은 소식은 물에 빠진 사람을 구조한 당신은 정상으로 회복되었다고 판단되어 퇴원시키기로 한 것이고, 나쁜 소식은 당신이 어렵게 구조한 그 남자환자가 어젯밤 목욕탕에서 목매어 자살한 것입니다."

그러자 그녀가 자랑스럽게 말했다.

"선생님! 그게 아닌데요. 그 남자는 자살한 게 아니에요. 그 남자가 너무 물에 젖었기에 말리려고 제가 묶어서 거기에 걸어 놓았던 거예요."

무인도의 여인

남자 6명과 여자 1명이 배를 타고 가다 난파되어서 무인도에 갇혀 살게 되었다. 여자는 매일같이 산꼭대기에 올라가서 배가 지나가나 살폈다. 그런데 정말 배 같은 것이 지나가고 있었다. 그래서 자세히 보니 그것은 뗏목이었고 그 안에 남자가 타고 있는 것이 아닌가. 그러자 여자가 한숨을 푹 내쉬면서 말했다.

"제기랄, 이젠 일요일도 없게 되었네!"

무인도에서

마피아 조직의 두목이 자신을 추적하는 미 FBI의 수사망을 피해 대서양을 항해하는 유람선에 탔다. 하지만 그 유람선은 얼마 후 풍랑을 만나 침몰하였고, 세 사람만이 살아남아 한 무인도에 상륙하였다.

세 사람은 마피아 두목, 미국의 부자, 프랑스의 바람둥이였다. 그들은 해변에 나갔다가 마법의 램프를 주웠다. 미국의 부호가 램프를 닦는 순간 펑!하며 요정이 나타나 말했다.

"주인님! 세 가지 소원을 들어 드리겠습니다."

먼저 미국의 부자가 말했다.

"로키산맥에 있는 내 별장에 내 가족과 같이 있도록 해 줘."

그 말이 끝나자 그는 사라졌다. 그러자 프랑스의 바람둥이가 말했다.

"프랑스의 내 애인과 함께 알프스로 보내 줘."

그 말과 함께 그도 사라졌다.

그러나 어차피 도망 다녀야 하는 마피아 두목은 마땅히 갈 곳이 없자 이렇게 말했다.

"심심하니까! 아까 그 사람들 다시 불러 줘!"

불! 불! 불!

사형에 대한 논란이 있자 모범적인 무기수를 대상으로 새로운 징역제도를 시도했다. 방법은 감옥 대신 사방이 바다로 둘러싸인 무인도에 수감하는 것이었다. 사방이 바다로 둘러싸여 어차피 탈출은 못할 테니 그 안에서나마 자유를 주자는 의도였다.

실험 대상인 무기수 3명이 죄수복과 통조림, 침구류, 책 등을 가지고 무인도로 떠났다.

얼마 후 정부에서 그곳에 목사를 파견했다.

목사가 그들에게 말했다.

"향후 10년 동안 무인도 생활에서 자신이 가장 필요한 것 한 가지만 말하세요. 가능하다면 들어드리겠습니다."

무기수들이 저마다 말했다.

"저에게는 여자를 주십시오."

"저에겐 술을 주세요."

"저에게는 담배를 주십시오."

정부에서는 그들의 소원대로 여자, 담배, 술을 보내주었다.

세월이 흘러 10년 후, 그 목사가 무인도를 다시 방문했다.

여자를 달라던 무기수는 아이를 낳아 해변에서 평화롭게 놀고 있었고, 술을 달라던 무기수는 곤드레만드레가 되어 나무그늘 아래서 자고 있었다.

그런데 담배를 달라던 무기수가 목사를 보자마자 정신 없이 달려왔다. 순간 목사는 '얼마나 사람이 그리웠으면' 하고 깊은 연민의 정에 눈시울을 적시고 있는데 헐떡거리며 다가선 무기수는 다짜고짜 목사의 주머니를 뒤지며 말했다.

"불! 불! 불! 라이터!"

천진한 여고생

여고생과 여대생이 아프리카로 무전여행을 갔다가 운이 없어 무서운 식인종에게 잡혔다. 둘은 알몸으로 발가벗겨져 양념이 잘된 식인종의 국솥에 들어가게 되었다. 그러나 이런 긴박하고 무서운 상황 속에서도 여고생이 자꾸 킥킥거리며 웃는 것이 아닌가.

여대생 : 너 제정신이니? 이런 판국에 웃음이 나와?

여고생 : 쉿! 언니만 들어. 나 지금 국 속에다 쉬했다!

일본사람 때문에

미국인, 한국인, 일본인 세 사람이 항해를 하던 중 배가 난파되어 식인종이 사는 섬에 상륙했다.

식인종들은 세 사람을 모아놓고 숲 속에서 과일을 아무 것이나 10개씩 따오라고 명령했다. 만일 웃거나 울거나 하면 죽임을 당할 것이라는 조건과 함께.

맨 먼저 미국 사람이 사과 10개를 따가지고 왔다. 그러자 식인종들은 따온 그 사람에게 그 사과를 똥구멍 속에 넣으라고 했다.

미국 사람은 4개를 넣고는 아파서 울다가 죽임을 당했다.

한국인은 딸기 10개를 따왔다. 그리고 9개를 넣고 나머지 1개를 남기고 웃다가 죽임을 당했다.

저승에서 미국 사람과 한국 사람이 만났다.

미국 사람이 한국 사람에게 물었다.

"너는 그때 살 수 있었는데 왜 웃었냐?"

그러자 한국 사람이 말했다.

"마지막 1개를 넣으려는데 일본 사람이 파인애플 10개를 따 가지고 나오잖아!"

스타킹

산신령이 3명의 제자를 가르치기를 어느덧 5년여.

이제 가르칠 것을 다 가르쳤으니 소원 한 가지씩을 말하라고 했다.

첫 번째 제자.

"저는 스타가 되고싶습니다."

그는 스타가 되었다.

두 번째 제자.

"저는 킹(왕)이 되고싶습니다."

그도 킹(왕)이 되었다.

세 번째 제자는 골똘히 생각하다
가 욕심을 부렸다.

"저는 스타와 킹, 둘 다 되고싶습니다."

그는 스타킹이 되었다.

산신령과 놀부

흥부 마누라는 얼굴이 못생기고, 놀부 마누라는 엄청 예뻤다.

흥부가 마누라를 데리고 산에 갔다가 잘못하여 마누라를 연못에 빠뜨렸다. 그러자 펑! 소리와 함께 산신령이 샤론스톤을 데리고 나타나 물었다.

"이 여자가 네 부인이냐?"

착한 흥부는 아니라고 했다.

그러자 이번에는 데미무어를 데리고 나오더니 물었다.

"이 여자냐?"

흥부는 또 아니라고 했다.

그러자 산신령은 못생긴 진짜 마누라를 데리고 나왔다.

"이 여자냐?"

흥부가 그렇다고 하자 산신령은 감동하여 세 여자를 모두 주었다.

소식을 들은 놀부가 마누라를 데리고 그곳 연못에 가 밀어버렸다.

그러나 아무리 기다려도 산신령이 나타나지 않았다.

한참 후, 펑! 소리와 함께 웬 건장한 사내가 물속에서 나오면서 바지를 추스려 허리띠로 묶으면서 말했다.

"어허! 오랫만에 회포를 풀었네."

뒤이어 놀부 마누라가 따라 나와 치마끈을 매면서 말했다.

"여보! 고마워요! 자주 좀 밀어 넣어 줘요!"

나무꾼 이야기 후속 편

옛날에 어떤 나무꾼이 나무를 찍어 자르다가 잘못하여 도끼를 연못에 빠뜨렸더니 산신령이 나타나서 '금도끼가 네 것이냐? 은도끼가 네 것이냐?' 라고 물어 나무꾼이 거짓말을 안하고 솔직하게 대답하니까 금도끼와 은도끼도 모두 가지라고 했다는 이야기의 후속편.

착하고 성실했던 나무꾼은 금도끼와 은도끼를 팔아서 돈이 좀 되자, 생활이 사치스러워졌다. 그 많은 돈도 명품질과 여자질, 그리고 유흥질 좀 하다보니까 어느새 통장은 바닥나고, 카드 빚만 늘어났다.

그래서 나무꾼이 머리를 굴린 끝에 옛날 산신령이 있던 그 연못으로 다시 가서 부인을 빠뜨렸다. 그러니까 산신령이 또 나타나서 '금부인이 네 부인이냐? 은부인이 네 부인이냐?' 라고 묻자, '아닙니다. 제 부인은 그냥 허영심 강한 보통여자이옵니다.' 라고 대답했다. 그러자 산신령이 변함 없이 착한 심성에 감동하여 물에 빠진 본부인을 건져주며 금부인과 은부인도 함께 가지라고 하였다.

또 한번 횡재한 나무꾼은 금부인과 은부인을 그냥 팔아먹으려다가 잔머리를 굴렸다. 그래서 금부인과 함께 같은 방에서 뒹굴어 황금아기를 만들었다. 아기 이름이 금동이라나... 머라나...

하여튼 완전 더블로 횡재를 하였다.

돈에 눈이 멀어버린 나무꾼과 그의 본부인은 황금아기를 낳은 금부인의 배를 갈라보기로 했다. 배 안에 가득 찬 황금을 기대하고…….

그런데 막상 갈라보니 배 안에는 ○밖에는 아무것도 없었다.

나무꾼은 어차피 금부인은 없어졌으니 은부인을 빠뜨려보기로 했다.

'그냥 부인이 빠졌을 때 은부인과 금부인을 줬으니 은부인을 빠뜨리면 더 좋은 걸 줄 거 아냐!'

나무꾼과 그 부인은 은부인을 연못에 끌고 가서 빠뜨렸다. 그랬더니 또 산신령이 나타나서 나무꾼을 보더니 웃으며 말했다.

"음... 그때 그 착한 나무꾼이구나! 자주 빠뜨린다. 너?"

"아닙니다. 산신령님! 제 부인이 실수로 빠졌습니다. 어떡하죠?"

"그래? 그럼, 이 다이아몬드 부인이 네 꺼냐? 금부인이 네 꺼냐?"

"제 부인은 은부인입니다."

그래서 나무꾼은 또 은부인을 찾고 다이아몬드부인과 금부인도 받게 되었다. 그런데 욕심이 욕심을 불러 나무꾼은 더 많이 갖고 싶어졌다.

'하는김에 다이아몬드, 금, 은부인 다 빠뜨려 크게 한탕하고 끝내자.'

돈맛을 본 진짜 부인도 냉큼 그렇게 하자고 했다. 그러자 나무꾼이 자신이 혼자 계속 하긴 좀 그러니까 이번에는 부인이 대신 빠뜨리되 속셈을 감추기 위해 자기까지 같이 빠뜨리라고 했다.

그의 부인은 나무꾼이 시키는 대로 연못에 가서 다이아몬드, 금, 은부인과 함께 나무꾼까지 빠뜨린 후 산신령이 나오기를 기다렸으나 나오지를 않았다. 부인은 연못에 대고 정말 실수한 듯이 외쳤다.

"산신령님! 저 뭐 빠뜨렸는데요?"

그러자 연못 속에서 산신령의 목소리가 들렸다.

"작작 좀 해처먹어라. 이 염치없는 것들아!"

그래서 그녀는 과부가 되었다.

선녀와 나무꾼 이야기의 허와 실

1.

훔친 선녀의 옷이 그렇게 비쌀 줄은 몰랐다. 그리고 그 할부 용지가 우리 집으로 오게 되리란 것도. 옆에서 코를 고는 선녀 마누라를 보며 애꿎은 옥황상제만 죽도록 원망하고 있다.

2.

폭포수에서 옷을 훔칠 때 똑바로 확인했어야 했다. 사이즈가 엑스라지인 줄을 누가 알았으랴. 가뜩이나 비좁은 방, 그녀가 들어온 후엔 두레박만 봐도 눈물이 난다.

3.

선녀가 담배 피운다 하면 당신인들 믿겠소. 자식이 생긴다면 분명히 가르칠 거요. 행여 어떤 싸가지 없는 사슴이 너에게 숨겨 달라고 오면, 고 놈 발모가지를 부러뜨려 라이트훅을 날린 후에 포수에게 넘기라고...

4.

나는 정보를 입수하자마자 그 폭포로 달려갔다. 목욕을 하고 있던 선녀가 나를 가리키며 옷 도둑놈이라고 마구 욕을 해 대었다. 나는 알 수 없었다. 난 그저 금도끼 은도끼만 얻으면 되는데...

정보화시대의 나무꾼과 산신령

10:00 나무꾼이 연못에 도끼를 빠뜨렸다. 나무꾼은 엉엉 울었다.

10:01 연못에서 산신령이 금도끼를 들고 나타났다. "이 금도끼가 니 도끼냐?", "아니옵니다."

10:02 산신령이 연못으로 들어갔다.

10:03 산신령이 은도끼를 들고 나타났다. "이 은도끼가 니 도끼냐?", 아니옵니다."

10:04 산신령이 다시 연못으로 들어갔다.

10:05 산신령이 이번엔 쇠도끼를 들고 나타났다. "이 쇠도끼가 니 도끼냐?", "네. 그 쇠도끼가 제 도끼이옵니다.", "어허! 착한 백성이로고! 내 너의 정직함이 기특하여 이 금도끼와 은도끼도 다 주겠노라!"

10:07 나무꾼이 산신령으로부터 금도끼와 은도끼와 쇠도끼를 받았다.

소요시간 : 7분

비용 : 7분 동안 나무 못함.

수확물 : 도끼 찾음 + 금도끼, 은도끼 공짜로 얻음.

하느님이 못생긴 여자에게 말했다.

"너는 내 실수로 그리 되었으니 그대신 100살까지 살거라!"

그러자 여자는 나머지 긴 생애를 예쁘게 살기 위해 곧바로 성형수술을 하였다. 그런데 수술을 한 바로 그 날 밤에 죽어버렸다.

하늘나라로 간 여자가 하느님을 만나자 항의했다.

"지금 난 20살인데, 왜 날 잡아 왔죠? 100살까지 살게 해주신다고 하셨잖아요."

그러자 하느님의 말씀.

"니가 너무 많이 뜯어고쳐서 못 알아봤다 아이가! 그기 내 잘못이가?"

가치기준이 달라

부자가 하느님께 자기 재산을 천국으로 가져가게 해달라고 졸랐다. 하느님은 처음에는 안 된다고 했지만 끈질기게 졸라대는 통에 마지못해 허락하며 말했다.

"한 가지 조건이 있다. 네 재산을 가방 하나에만 담아와야 한다."

부자는 자기 재산을 모두 팔아 금으로 바꾼 뒤 흐뭇해하였다.

'이렇게까지 할 줄은 하나님께서도 미처 모르셨겠지.'

천국 문에 다다르자 천국 출입국 관리국장, 베드로가 말했다.

"천국은 사사로운 소지품을 가지고 들어갈 수 없는 곳이오!"

부자는 하나님께 허락을 받았다고 강력히 주장했다. 그러자 베드로는 가방에 도대체 무엇이 들었는지 보기나 하자고 했다. 가방을 열어 본 베드로가 말했다.

"아니~ 도로포장 재료는 무엇 하러 이렇게 잔뜩 가져오셨습니까? 그런 것은 여기에도 충분히 있고, 또 도로포장이 이미 다 돼 있어서 이제 더 필요 없을 건데요."

놀부의 시계

　놀부가 죽어서 천국으로 갈지 지옥으로 갈지 결정하는 곳에 도착하여 두리번거리며 둘러보니 이름이 쓰여진 시계가 여기저기 보였다.

　그래서 안내원에게 물었다.

　"여긴 웬 시계가 이렇게 많죠?"

　안내원이 가르쳐 주었다.

　"저 시계들은 전생에 나쁜 일을 한 만큼 빨라지는 시계들들이야!"

　놀부는 자신의 시계를 아무리 찾아보았으나 없었다.

　의아해서 물었다.

　"제 시계는 없네요. 저는 나쁜 일을 하나도 안 해서 그런가보죠?"

　안내원이 말했다.

　"네 것은 너무 빨리 돌아서 옥황상제께서 선풍기로 쓰고 있단다."

여자의 업보

여자가 죽으면 저승으로 갈 때 평생 상대한 남자 수만큼 바나나를 들고 가야한다.

수녀님들은 평생 남자라고는 상대도 해본 일이 없으니까 빈손으로 간다. 여염집 부인들은 하나씩 들고 가고, 화류계 여자들은 광주리에 이고 간다.

그런데 화냥년이라고 소문난 여자가 바나나를 양손에 각기 하나씩 달랑 두 개만 들고 갔다.

같은 마을에 사는 아주머니는 그 여자의 평소 소행을 너무나 잘 알고 있는 터라 달랑 두 개만 들고 가는 것이 너무나 가증스러웠다. 그래서 그 여자 뒤를 따라가면서 비아냥거렸다.

"세상에, 니가 얼마나 화냥년이었는지 모르는 사람이 없는데 그래, 바나나를 달랑 두 개만 들고 가야? 참! 염치도 좋다."

그러자 그 여자가 획! 하니 돌아서며 쏘아붙였다.

"아주머니! 이미 두 트럭 실어보내고 떨어진 거 주워가는 거예요!"

세 부인의 시험 답안

염라대왕이 시험을 보게 해서 성적에 맞추어 천국으로 보내기로 했다.

세 사람의 부인이 시험을 보는데 맨 앞자리에는 A부인, 그 뒤에는 B부인, 그 뒤에는 C부인이 앉았다.

첫 번째 문제는 세계적으로 유명한 조각가로서 '생각하는 사람' 을 조각한 사람의 이름을 쓰라는 문제였다.

A부인은 '로댕' 이라고 썼다.

뒷좌석에 앉았던 B부인은 앞을 보니까 오뎅인지 로뎅인지 알 수가 없었다. 그래서 '오뎅' 이겠지 하고 썼다.

맨 뒤에 앉은 C부인은 똑같이 쓸 수는 없으니까 '덴뿌라' 라고 바꾸어 썼다.

두 번째 문제는 샤이록이 등장하는 셰익스피어의 작품명을 쓰라는 것이었다.

A부인은 '베니스의 상인' 이라고 썼다.

B부인은 '페니스의 상인' 을 잘못 썼을 거라고 생각하여 그렇게 썼다.

맨 뒤에 앉은 C부인은 역시 똑같게 쓸 수 없어서 우리말로 번역해서 '고추장수' 라고 썼다.

금발 미녀의 서비스

평생을 죄악으로 산 사내가 지옥에 떨어지자 문지기가 말했다.

"지옥도 여러 종류가 있느니라. 네가 갈 곳을 선택하거라."

문지기는 사내를 끌고 첫 번째 방으로 갔다. 그 곳에는 한 사내가 얼마나 얻어터졌는지 인간의 모습이 아닌 모습으로 엎어져서 아직도 계속 맞고 있었다. 사내는 고개를 흔들며 거부했다.

문지기는 두 번째 방으로 인도했다. 그 방에 있는 사람은 온몸을 쇠사슬에 휘감긴 채 악마들에게 불꼬챙이로 찔리는 고문을 당하고 있었다. 물론 이번에도 사내는 고개를 절레절레 흔들었다.

문지기는 사내를 데리고 마지막 방으로 갔다. 그 방안에서는 늙고 추한 사내가 멋지고 늘씬한 금발 미녀로부터 입으로 하는 서비스를 받고 있었다. 사내는 희색이 만면해서 소리쳤다.

"여기로 하겠소."

그러자 문지기가 문을 열며 소리쳤다.

"이봐, 아가씨! 밖으로 나와. 이제 교대할 차례야!"

남편이 퇴근 시간이 아닌데 집에 들어왔다. 그리고 곧바로 커튼을 치며…….

남편 : 빨리 이불 펴~

아내 : 아니 왜 이렇게 일찍 와서 그래요? 퇴근 시간은 멀었는데...

남편 : 빨리 이불부터 내려~

아내 : 오모나~ 이~이가, 아~ 아 이~잉~ 대낮에?

남편 : (이불 속으로 들어가며) 움~ 이리 와~

아내 : 어머~어~ (끌려 들어갔다.)

남편 : 우와~ 이 시계 야광, 맞다!

남편이 퇴근 시간이 아닌데 집에 왔다. 그리고 곧바로 욕실로 들어가더니 샤워를 하며...

남편 : 빨리 들어와~

아내 : 아니 무슨 대낮에~ 샤워를?

남편 : 빨리 들어오라니까~

아내 : 아이~이~ 무스~은~ (옷을 벗고 욕실로 들어갔다)

남편 : 이리와~ (샤워기로 물을 뿌리며) 우아~ 이 시계 방수도 된다!

시츄에이션 · **32**

어린아이가 혼자 버스를 탔다.

아이 : 아저씨! 이 버스 어디로 가나요?

기사 : 앞으로 갑니다.

아이 : ..... 그럼 여기가 어디죠?

기사 : 차안입니다.

아이 : ..... 지금 장난하는 거예요?

기사 : 운전합니다.

슈퍼마켓에 들어 간 여자 손님.

손님 : 아저씨, 이 껌 무슨 껌이에요?

주인 : 으응. 후라보노!

손님 : 이 껌은요?

주인 : 그건 쥬시후레쉬!

손님 : 이건요?

주인 : 스피아민트!

손님 : 이 껌은요?

주인 : 너 살꺼니?

손님 : 네.

주인 : 산다구? 그 껌은 인삼껌이야.

손님 : 아~ 그럼 이건 다 롯데 껌이구나.

주인 : (인상을 쓰면서)살꺼니?

손님 : 그럼요~ 제 나이가 몇인데 벌써 죽겠어요~

매와 꿩이 한 동네에 살았다.

꿩이 알을 깐 후 먹이를 구하려고 잠시 집을 비운 사이에 매가 그 새끼들을 마구 때렸다. 꿩이 먹이를 구하여 돌아오니 새끼들의 몰골이 말이 아니었다.

"왜 그러니? 얘들아!"

그러자 새끼들이 말했다.

"매가패써~"

이가 아파서 치과에 갔다.

많은 사람들이 대기하고 있어 차례를 기다렸다. 그런데 의사는 환자를 진찰하기 전에 창문에 가서 밖을 보고 혓바닥을 10번씩 날름거리라고 했다. 그는 이러한 행동을 모든 손님들에게 시켰다.

이를 궁금하게 여긴 한 환자가 물었다.

"저 선생님, 왜 창밖을 보고 혓바닥을 낼름거리게 하는 거예요?"

의사는 아무렇지도 않게 말했다.

"아~ 그거요? 맞은편 빌딩 사무실에 꼴보기 싫은 사람이 있어서요."

시츄에이션 · 36

한 탐험가가 아마존 정글을 여행하다가 갑자기 원주민들에게 포위를 당했다. 탐험가는 혼잣말을 했다.

"난 이제 죽었구나."

그러자 하늘에서 한줄기 빛이 보이더니 목소리가 들렸다.

"아니다. 넌 아직 죽지 않았다. 네 발 밑에 있는 돌을 하나 집어서 네 앞에 있는 추장의 머리를 맞추어라!"

탐험가는 하늘이 자신을 돕는구나 싶어서 시키는 대로 돌을 집어서 추장의 이마에 정통으로 맞추자 추장이 그대로 쓰러져서 죽었다. 그러자 나머지 수십 명의 원주민들이 탐험가를 노려보기 시작했다. 그 때 하늘에서 다시 목소리가 들렸다.

"넌 이제 진짜 죽었다."

젊은 남자가 늙은 갑부에게 어떻게 돈을 많이 벌게 되었는지 물었다.

"음… 1932년이었지. 사회적으로 엄청난 공황이 있었고, 내 손엔 딱 100원이 있었다네. 난 100원을 가지고 사과 한 개를 샀지… 하루 종일 그 사과를 닦고 광을 내서 그 날 저녁에 200원에 팔았다네.

다음날에는 200원으로 사과 두 개를 사서 닦고 광을 냈지… 저녁에는 400원에 팔고 말야. 이렇게 한 달 동안 사과를 사고 팔고 했더니 내 수중에 1백만 원이라는 돈이 들어왔다네"

젊은 남자는 이야기가 재미있어 물었다.

"그래서요?"

그러자 노인이 말했다.

"그때 고명딸만 둔 우리 장인어른이 20억 원을 유산으로 남기고 죽었어."

한 총각이 자칭 고상하다는 아가씨와 소개팅을 하게 되었다.

장소는 고전적인 분위기가 물씬 풍기는 레스토랑.

테이블 위의 촛불과 은은한 조명이 멋진 조화를 이루며 비발디의 '사계'가 흐르고……. 형식적인 호구조사가 끝나자 서로의 취미에 대해서 얘기를 나누게 되었다.

총각 : 저, 음악을 좋아하신다고 그랬죠?

아가씨 : 예.

총각 : 주로 어떤...

아가씨 : 클래식을 많이 듣는 편이에요.

그때 주문했던 돈까스가 나오고…….

총각이 물었다.

"이 곡이(고기) 무슨 곡(고기)인지 아십니까?"

우아하게 돈까스를 썰던 아가씨는 잠시 생각에 잠기더니 시선을 접시 쪽으로 내리며 말했다.

"돼지고기요."

40살 어부 노총각과 30대 후반의 섬처녀가 선을 보기로 하였다.

약속시간이 되어 둘은 조용한 찻집에서 첫 대면을 했다.

노총각 : 근디… 웬 손이 그렇게 크데유~?

노처녀 : 맨날 뻘밭에서 꼬막이랑 바지락을 캐닝께 안 크고 배겨유?

남자가 다시 여자의 발을 힐끔거리며 물었다.

노총각 : 그러면 발은 왜그리 크대유~?

노처녀 : 맨날 뻘밭에서 바지락이랑 꼬막을 캐러 이리저리 댕기니까 안 크고 배겨유?

그러자 남자가 심각하게 여자의 위 아래를 힐끔거리며 물었다.

"근디… 혹시? 뻘밭에 주저앉아 일 하는 건 아니겄쥬~?"

뚝심

전라도 시골의 노총각이 어머니에게 말하였다.

"어머이! 제가 인자 효도를 허게 됐구만요."

어머니는 한숨을 쉬며 말했다.

"아니 네가 장가를 못가더니 이젠 농담도 아니고 실성을 했구나."

노총각은 그 날 새벽 전라선 열차에 몸을 싣고 상경하였다. 그리고 백화점으로 무작정 돌진하더니 휘황찬란한 불빛 속에서 한 아가씨를 찾아냈다.

노총각 : 안녕허신가요? 아! 참말로 이뻐불구먼?

아가씨 : 호호호. 부끄러워라!

노총각 : 지는 저그 촌에서 첨으로 백화점에 왔는디, 이 속에 있는 것은 전부 다 판다고라이?

아가씨 : 네. 그럼요~

노총각 : 시방 이 매장에서 제일로 비싼 게 얼매라요?

아가씨 : 특별 세일 중이라서 이천만 원짜리를 50% 할인해서 천만 원에 드립니다.

노총각 : 그렇당가요? 그럼 두 배를 줄랑께 내가 고르는 걸루다 팔아불랑가요?

아가씨 : 어머머! 농담도 잘하시네요? 그럴께요. 마음에 드는 걸로 고르기만 하세요!

노총각 : 약속을 헌다는 뜻으로 여그따 각서 한 장 써 주씨요. 잉!

아가씨는 '약속을 지키지 않을 경우 20억을 드리겠습니다.' 라고 각서를 썼다. 그러자 총각은 수표 이천만 원을 내놓으며 말했다.

노총각 : 아가씨!

아가씨 : 네?

노총각 : 인자 돈을 드렸응께 갑시다! 인자부터 아가씨는 내꺼란 말여!

아가씨 : 네? 뭐라고요? 절~?

그리하여 그 노총각과 백화점 아가씨는 전라도 지리산 자락에서 아들딸 낳고 행복하게 잘 살았다는 전설이 되었다.

1만 원으로 키스하기

이론

남자 : 나하고 내기하자.

여자 : 무슨 내기?

남자 : 너 알아? 신체적 접촉을 안 하고 뽀뽀하는 방법...

여자 : 그런 게 어딨어?

남자 : 나는 전혀 움직이지 않고 뽀뽀하는 법 안다.

여자 : 헛소리 좀 하지마.

남자 : 그럼... 내가 만약에 하면 어쩔래?

여자 : 안될 것 같은데?

남자 : 그럼 내기하자. 만약에 내가 움직이지 않고 뽀뽀하면 니가 나
한테 만 원을 줘. 만약 못하면 내가 너한테 만 원 줄게.

여자 : 정말 그게 가능해? 어디 해봐!

그러면 바로 키스하고 1만 원을 준다.

실제

남자 : 나하고 내기하자. 만약에 내가 신체적 접촉을 안 하고 뽀뽀하
면 니가 나한테 만 원을 줘. 만약 못하면 내가 너한테 만 원
줄게.

여자 : 정말 그게 가능해? 어디 해봐!

호주머니에서 1만 원을 꺼내 여자 손에 쥐어주고 키스하려는데...

"너 이 ○끼. 왜 움직여? 너 왜 더티-플레이 해?"

돈은 돈대로 뺏기고 뒤통수 얻어터진다.

노총각의 소원

돈과 여자와 결혼이 소원인 노총각이 운 좋게 요술램프를 주웠다.

램프를 문지르자 거인이 나타나 딱 하나만 소원을 들어주겠다고 했다.

노총각은 돈도 갖고 싶고, 여자도 즐기고 싶고, 결혼도 하고 싶었다.

순간 숨도 안 쉬고 쫙 말했다.

"돈여자와결혼이 소원입니다."

그러자 그는 머리가 돈 여자와 결혼을 하게 되었다.

'사랑해' 삼행시로 키스하기

이론

먼저 '사랑해'로 삼행시를 짓겠다고 한 뒤에 운을 띄우라고 한다.

사 : 사실 나 너...

랑 : 랑 키스하고 싶어...

해 : -.-

애인이 '해!' 라고 하겠죠? 그럼 하는 겁니다.

실제

애인이 '해!' 라고 했으니까 해도 되겠지라고 생각하고 막 키스하려고 하는데...

"너 이 ○끼. '해'로 마지막 문장 지어야 할 것 아냐? 해. 해. 해. 안 해? 해뜨는 날 김 서리게 얻어터지고 싶으냐?"

시골총각 장가가기

시골에서 여자가 없어서 장가를 가지 못하던 노총각이 여자를 구하러 서울로 올라왔다.

네온사인이 화려한 밤거리를 배회하던 노총각은 골목 쓰레기통 옆에서 술에 취해 쓰러져서 자고 있는 예쁜 아가씨를 발견하자 자기 숙소로 업고 갔다.

그리고 곧바로 시골 친구들에게 전보를 날렸다.

"빨리 서울로 오기 바람. 서울에는 쓰레기통에도 여자가 많이 있음."

아저씨, 아주머니, 아가씨의 어원

우리말 어원 사전

◆ 아 저 씨 : 앗(小) + 엇(親) + 이(조사)

◆ 아주머니 : 앗(小) + 엄(어미) + 아니(접미사)

◆ 아 가 씨 : 아가(어린아이) + 씨(氏)

민간 어원설

◆ 아 저 씨 : 아기의 씨를 저장하고 있는 성인 기혼남

◆ 아주머니 : 아기의 주머니를 가지고 있는 성인 기혼녀

◆ 아 가 씨 : 아기의 씨를 받을 가능성을 지니고 있는 성인 미혼녀

아줌마가 아저씨보다 더 나은 점

1. 아줌마는 운전을 서툴게 하지만 아저씨는 운전을 더럽게 한다.

2. 아줌마는 우기지만 아저씨는 속인다.

3. 버스(혹은 전철)에서 아줌마는 새치기하지만 아저씨는 강탈한다.

4. 아줌마는 무식해서 당당하지만 아저씨는 당당한 척하지만 사실은 무식하다.

5. 아줌마의 가치는 정보력, 아저씨의 가치는 돈에 있다.

6. 아줌마는 아등바등 살지만 아저씨는 저 잘난 맛에 산다.

7. 아줌마는 어디서나 강하지만 아저씨는 약한 자에게만 강하다.

8. 아줌마는 자식을 가장 사랑하지만 아저씨는 딸자식 또래를 선호한다.

9. 아줌마는 서민층에 많고, 아저씨는 어설픈 상류층에 많다.

시골 아저씨의 잔머리

시골 아저씨가 몸이 안 좋아 병원에 갔다.

병원 안에는 많은 사람들이 왔다갔다하여 정신이 없었다. 그런데 병원 벽에 '초진은 1만원, 재진은 5천 원'이라고 붙은 문구가 눈길을 끌었다.

아저씨는 순간적으로 머리를 굴렸다.

'그래, 이렇게 사람이 많으니깐두루……'

진찰실 문을 연 아저씨.

"선상님, 안녕하시쥬? 저 또 왔시~유"

그건 권한 밖

젊고 예쁜 아가씨가 과수원 옆을 지나가다가 호수의 물이 너무 맑고 깨끗하여 갑자기 수영이 하고 싶어졌다.

주위를 둘러보고 아무도 없다고 확인한 그녀는 옷을 벗기 시작했다. 마지막 옷까지 다 벗고 호수에 막 들어가려고 하는데 갑자기 어디선가 관리인이 뛰어나왔다.

"아가씨, 여긴 수영이 금지되어 있슈~"

그녀는 놀라서 몸을 가리며 말했다.

"그럼 옷을 벗기 전에 말해 주셔야죠?"

그러자 관리인.

"옷 벗는 건 내가 말릴 권한이 없슈~"

걸린 놈만 억울한 겨~

주행속도 80㎞ 도로에서 아저씨가 100㎞로 차를 몰다가 교통경찰에게 걸렸다. 그는 자기보다 더 속도를 내며 지나가는 차들도 있는데 자기만 적발된 것이 억울해서 경찰에게 대들었다.

"아니, 다른 차들도 다 속도위반 하는디 왜 나만 잡는데유?"

그러자 경찰이 물었다.

"당신 낚시 해봤수?"

"낚시유? 해봤쥬!"

"그럼 댁은 낚시터에 있는 물고기를 몽땅 다 잡수? 걸린 놈만 억울한 겨~"

이웃집 아주머니의 실수

철수의 백일 잔칫날 마을 사람들이 모두 모여 축하해주고 있었다. 떡두꺼비같은 아들을 낳았다고 칭찬을 듣자 우쭐해진 철수 엄마는 아들의 아랫도리를 벗겨 밥상 위에 떠억~ 하니 올려놓고는 뭇 여인네들에게 아들의 늠름한 거시기를 자랑했다.

그때 옆집 아줌마가 다가오더니 철수의 고추를 자세히 들여다보더니 한 마디 했다.

"어머 신기해라. 어쩜, 지 아빠꺼랑 똑같니~"

할머니들의 자식자랑

4명의 할머니가 자식자랑으로 열을 올리고 있었다.

할머니 1 : 울 아들은 교회 목사라우... 남들은 울 아들더러 오~ 고귀
한 분이라고 그런다우...

할머니 2 : 그려? 울 아들은 추기경인디... 남들은 울 아들더러 오~
거룩한 분, 그런디야~

할머니 3 : 워매~ 울 아들은 교황이지라이... 남들은 내 새끼더러 오
오! 고결한 양반! 그런당께롱... 이젠 이 이상 더 높은 사람
은 없지라? 푸히히히...

할머니 4 : 이걸 우짜노... 울 아들은 숏다리에 곰보, 거기다 뚱보이기
까지 한 기라.... 그래두 남들은 울 아들을 보면 한결 같이
이러는기라... 오 마이 갓!Oh! my God!

파란 불일 때는 혼자도 건너

할머니가 횡단보도에서 옆의 학생에게 길을 안전하게 건널 수 있도록 도와달라고 했다. 학생이 그러겠다고 대답하자 할머니는 곧바로 횡단보도를 건너기 시작했다.

깜짝 놀란 학생이 말렸다.

"할머니, 아직 아닌데요. 지금은 빨간 불이거든요."

그래도 할머니는 막무가내로 건너가려고 했다.

"할머니, 빨간 불일 때 건너면 위험해요."

그러자 할머니가 학생의 뒤통수를 냅다 치며 말했다.

"이눔아~ 파란 불일 때는 나 혼자서도 건널 수 있어! 그러니까 도와달라고 했지."

통장 비밀번호

할머니가 아들이 보내준 용돈을 찾으러 은행엘 갔다.

창구 여직원.

"할매! 비밀번호가 머라요?"

할머니의 작은 목소리.

"비둘기!"

"할매요~ 비밀번호 말 안 하면 돈 못 찾는다 아잉교. 비밀번호 말

하이소."

입을 살짝 가리고 말하는 할머니.

"비둘기!"

인내의 끝을 보인 여직원.

"할매요~ 바쁜데 지금 장난하는 것도 아니고 와 이라능교. 퍼뜩 비

밀번호 대이소."

그제야 제대로 말하는 할머니.

"9999"

나 쑥 캐러 가유~

노인정 할머니들의 대화.

"김 할머니가 오늘은 왜 안 나오신댜~?"

"몰러, 어제 쑥 캐러 간다 그랬는디……. 몸살 났나?"

"그랴? 집에 전화한번 혀봐!"

"여보세여. 김 할머니여? 여그 노인정이여, 오늘 왜 안나와?"

"하이고, 말도 말어. 어제 쑥 캐러 요 뒷산에 갔는디……. 아 글씨, 어떤 산적가튼 놈한테 아주 봉변을 당했구먼. 한 며칠 걷지도 못허게 생겼으니 그리 알어. 이 나이에 이게 무슨 일이랴. 에구 동네 부끄러..."

"저런, 저런. 쯧쯧쯧. 몸조리 잘 혀~"

이 사건은 삽시간에 할머니들 사이에 퍼져나갔고, 다음 날 할머니들은 모두 쑥캐러 가고 노인정이 텅 비었다.

엽기 할머니

"바깥어른은 잘 계시유?"

"며칠 전에 죽었다우. 저녁에 먹을
상추를 뜯으러 나갔다가 심장마비로
쓰러졌지 뭐유."

"저런, 정말 안됐수. 그래서 어떻게
하셨수?"

"뭐. 별수 있나. 그냥 깻잎 사다 먹었지."

미국 여행담

할머니 두 분이 미국여행을 갔다가 돌아오면서 나누는 대화.

"미국이란 디가 증말 재미는 있더구먼 그려. 근디 그 중에서도 그년
두 개년(그랜드캐니언)이 제일 볼만혔지."

"아녀, "뒤질년들(디즈니랜드)이 더 재미있었당께."

같이 가 처녀~

할머니가 집으로 가는 골목에 막 들어서는데 누가 뒤에서 '같이 가 처녀~' 하고 불렀다.

'이런! 황당하고, 기쁘고, 설레일 데가…….'

가슴이 너무나 두근거려 진정시키고 걷고 있는데 다시 또 '같이 가 처녀~' 하는 게 아닌가.

집에 들어온 할머니는 곧바로 예쁘게 화장하고, 옷도 새것으로 갈아입은 후 다시 그 골목으로 나갔다. 그리고 '같이 가 처녀~'를 외치던 그 아저씨와 진지하게 대화를 해보려고 가까이 가서 보청기 볼륨을 높였다.

그때 들리는 소리.

"갈치가 천 원~"

그럴 리가

평생 독신으로 살았던 할머니가 장의사에게 자신이 죽은 뒤 묘비에 새길 문구를 주었다.

"처녀로 태어나 처녀로 살다가 처녀로 죽었도다."

할머니가 죽자 장의사는 묘비명을 이렇게 줄여서 새겨 넣었다.

"그럴 리가……."

자판기

자판기를 처음 본 할머니가 사용법을 몰라서 끙끙 앓다가 동전구멍을 발견하고, '아~ 이리로 돈을 넣는갑다.' 생각하고 동전을 넣고나서 소리쳤다.

"보이소. 지금 돈 넣었는디 내 돈인기라. 콜라 좀 주이소."

그러나 아무런 대답이 없자, 다시 말했다.

"보이소. 지가예 목이 마른데예 콜라 좀 주이소예."

또 다시 반응이 없자 더 큰소리로 외쳤다.

"보이소. 목이 말라서 그러니까예 콜라 좀 주시라고예."

그때 옆에서 지켜보던 할아버지의 말씀.

"거 콜라가 떨어졌나캅소. 딴 거로 돌라케 보이소."

할머니와 할아버지들의 묻지마 관광

칠순을 넘긴 할머니 할아버지들이 '묻지마 관광'을 떠났다.

짝짓기를 하는데 유난히 색을 밝히는 쌕쌕 할머니가 대머리 할아버지를 먼저 점찍었다. 그런데 제일 친한 할머니가 자기 짝으로 삼겠다고 나섰다.

쌕쌕 할머니는 순전히 완력으로 그 대머리 할아버지는 자기가 차지하고 대신 이빨이 다 빠져 듬성듬성 몇 개만 남은 못생긴 할아버지를 친구에게 엮어 주었다.

관광을 마치고 밤에 여관으로 들어갔는데 대머리 할아버지의 정력을 믿었던 할머니는 생각만큼 시원치 않자 정분 나누기를 포기하고 일찍 누웠다.

그런데 못생긴 할아버지와 함께 옆방으로 들어갔던 친구는 밤새도록 '오매 나 죽어' 소리를 연발하며 신음소리가 끊이질 않았다.

다음 날 아침. 색녀 할머니는 친구에게 물었다.

"도대체 그 영감탱이가 얼마나 잘해줬길래 밤새도록 좋아서 죽는소리를 질러댔당가?"

친구의 말.

"좋아 죽기는... 말도 말어. 그 놈의 영감탱이 이빨 사이로 내 젖꼭지가 끼여서 빠지질 않는 바람에 밤새 아파 죽는 줄 알았구먼..."

아랫도리가 불끈불끈~

과학자가 정력팬티를 발명했다.

이 팬티만 입으면 아랫도리가 불끈!불끈!하여 천하의 옹녀를 데려와도 문제없을 정도로 힘이 넘쳐났다. 과학자는 직접 팔아 큰돈을 벌 욕심으로 실버타운으로 나가서 할아버지들에게 장사를 했다.

할아버지들이 입어보니까 과연 힘이 솟는지라 팬티는 날개 돋친 듯다 팔렸고, 미처 사지 못한 노인들의 원성이 대단했다.

다음 날, 과학자는 충분한 수량의 팬티를 가지고 다시 실버타운을 방문했다. 그런데 과학자는 그곳 노인들한테 맞아죽었다.

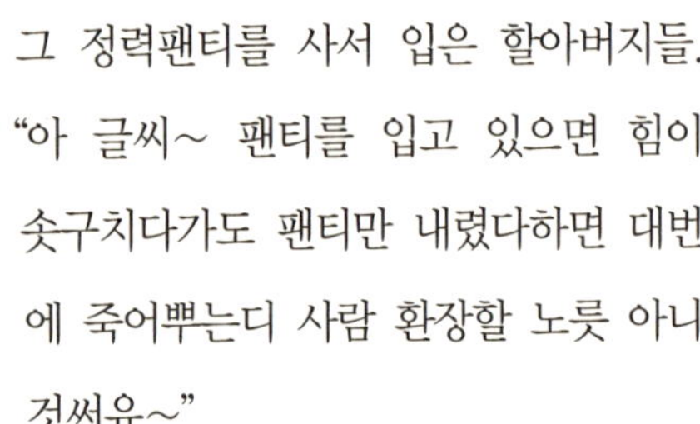

그 정력팬티를 사서 입은 할아버지들.

"아 글씨~ 팬티를 입고 있으면 힘이 솟구치다가도 팬티만 내렸다하면 대번에 죽어뿌는디 사람 환장할 노릇 아니것써유~"

신의 뜻이라면

할아버지가 버스를 탔다. 그런데 차가 급정거하는 바람에 서 있던 할머니가 할아버지 앞으로 쓰러졌다. 그러자 할아버지가 나지막이 말했다.

"신이시여! 저를 시험하시나이까?"

잠시 후 또다시 차가 급정거했다. 이번에는 아리따운 아가씨가 할아버지 앞으로 쓰러졌다. 할아버지는 이번에는 큰소리로 외쳤다.

"신이시여! 당신의 뜻이라면 따르겠나이다."

신기한 엘리베이터

시골 할아버지가 서울구경을 와서 여의도의 63빌딩에 갔다.

그리고 거기서 난생처음 엘리베이터라는 것을 보았다. 생긴 것부터 하도 신기해서 그 앞을 기웃거리고 있는데 늙은 할머니가 그 안으로 들어 가자 스르르 문이 닫혔다. 야단났다 생각하고 있는데 이게 웬일인가. 조금 후에 거기서 아리따운 젊은 아가씨가 나오는 게 아닌가. 그 걸 본 할아버지가 탄식했다.

"아까워라! 이런 게 있는 줄 알았으면 우리 집 할망구를 데리고 오는 건데..."

상사와 부하직원의 황당한 계산법

김 대리가 부장에게 하루 쉬겠다는 휴가원을 내자 부장이 말했다.

"김 대리, 1년은 365일이지? 하루는 24시간이고. 그 중 자네 근무시간은 8시간이지? 하루의 3분의 1을 근무하니까 결국 1년에 자네가 일하는 날은 122일밖에 안된다는 얘기야. 그 중에서 52일의 일요일이 있고, 반만 일하는 토요일을 26일로 치면 겨우 44일 남아. 그걸 자네가 다 일하나? 밥 먹는 시간에 화장실 출입하는 시간에 담배 피는 시간까지 합치면 하루에 최소한 3시간은 빠진다구. 그걸 다 빼면 자네가 일하는 시간은 27일이라는 소리지. 게다가 자네 여름휴가는 열흘이지? 그럼 17일이 남는군. 그 중에서 신정, 구정, 식목일, 근로자의 날, 어린이날, 석가탄신일, 현충일, 제헌절, 광복절, 추석, 크리스마스 그리고 회사 창립기념일까지 휴일이 총 16일이야. 결국 자네가 제대로 일하는 날은 1년에 딱 하루라 이거야. 그런데 그 하루마저 휴가원을 내면 아예 놀고 먹겠다는 건가? 자네도 입이 있으면 대답 좀 해보게."

그러자 김 대리가 억울한 표정으로 말했다.

"부장님, 전 너무 피곤해요. 왜 그런지 이유를 말씀드리죠. 우리나라의 4천 5백만 인구 중에 2천 5백만은 노인이나 실업자 아니면 퇴직자들이죠. 그럼 남은 인원은 2천만 명입니다. 그 중에서 1천 6백만은 학생이거나 어린이들이죠. 그럼 4백만이 남습니다. 현재 백만 명이 국방을 위해 군대에 있거나 방위근무 중이고, 백만 명은 국가공무원입니다. 그럼

2백만이 남는 거죠? 또 180만 명이 정치를 하거나 지자체 공무원들이니 남는 건 20만 명. 그 중에 188,000명이 병원에 누워 있으니 겨우 12,000명이 남죠. 그리고 11,998명이 감옥에 가 있으니 결국 두 명이 남아서 일을 하고 있다는 얘깁니다. 바로 부장님과 저. 그런데 부장님은 매일 제가 올린 보고서에 결재만 하고 있으니 실제로 일하는 사람은 대한민국에서 오직 저 하나뿐이라구요. 제가 얼마나 피곤한지 아시겠죠?"

단거

철수는 단 거를 유난히 좋아했다. 너무나 단 거를 좋아해서 친구네 집에 가도 설탕, 사탕, 엿 등 단 거는 모조리 찾아먹었다.

철수가 하루는 친구한테 가서 놀고 있는데 잠깐 친구가 밖으로 나갔다. 그리고 잠시 후 친구는 철수의 비명소리를 들었다.

철수가 병원에 실려간 뒤 친구가 물었다.

"너 어쩌자고 그걸 먹었냐?"

그러자 철수가 말했다.

"영어로 단 거라고 쓰여 있었어."

병을 찾아보니 거기엔 이렇게 씌어 있었다.

'Danger'

신병의 누나

신병이 들어오자 고참이 물었다.

고참·1 : 야, 너 여동생이나 누나 있어?

신병 : 옛, 이병 ○○○! 누나가 한 명 있습니다.

고참·1 : 그래? 몇 살인데?

신병 : 스물네 살입니다.

고참·1 : 진짜야? 이쁘냐?

신병 : 옛. 이쁩니다.

내무반 안의 시선이 모두 신병에게 쏠리면서 고참들이 하나둘씩 모여 앉았다.

고참·1 : 그래... 키가 몇인가?

신병 : 168입니다.

고참·2 : 몸매는 이쁘냐? 얼굴은?

신병 : 미스 코리아 뺨칩니다!

왕고참 : 넌 오늘부터 군생활 폈다. 야! 오늘부터 애 건들지마! 건드리
　　　　는 놈들은 다 죽을 줄 알아! 그리고 넌 나와 진지한 대화 좀
　　　　해보자. 아그야~ 근데 니 누나 가슴 크냐?

신병 : 옛. 큽니다!

왕고참 : 어? 니가 그걸 어떻게 알아, 니가 봤어?

신병 : 옛. 봤습니다.

고참들이 모두 눈이 똥그래져 일시에 물었다.

고참들 : 언제... 어떻게 봤는데? 임마! 빨랑 얘기해!

신병 : 조카에게 젖줄 때 봤습니다.

꼭꼭 씹어 먹어~

출근하려고 급하게 아침 식사를 하는 남편에게 부인이 말했다.

"여보, 그렇게 급하게 먹지 말고 꼭꼭 씹어 먹어~"

"당신, 오늘 갑자기 왜 그래? 바쁜데……."

그러자 아내가 말했다.

"아무리 급해도 음식은 꼭꼭 씹어 먹어야 해. 그래야 내가 만든 음식 맛을 제대로 느낄 수 있고 또 그래야 소화가 잘되지. 게다가..."

하면서 아내가 머뭇거리자 남편이 알겠다는 듯이 물었다.

"그리고 또 뭐? 하고 싶은 말이 따로 있지?"

그러자 아내가 웃으며 말했다.

"응. 그래야 내가 잃어버린 반지를 찾을 수 있지~"

번호 한자리 잘못 눌렀을 뿐인데...

남자가 집으로 전화를 걸었다. 그런데 아내가 아닌 다른 여자가 받더니 '저는 파출부입니다.' 라고 말했다.

남자 : 주인 아주머니 좀 바꿔주세요.

파출부 : 남편분하고 침실로 드셨는데 누구시죠?

남자 : 잠깐! 지금 남편이라고 했습니까?

파출부 : 예. 야근하고 오셨다던데...

남자 : 이백, 아니 오백만 원 드릴 테니 좀 도와주세요. 부탁입니다. 몽둥이 하나 들고 몰래 가서 남편 뒤통수를 사정없이 내리쳐서 기절시키세요. 만약에 마누라가 발악하면 마누라도 같이 때려눕히세요. 뒷일은 제가 책임집니다. 제발!

파출부는 오백만 원을 준다는 말에 이성을 잃었다.

잠시 후 '퍽! 으악~ 퍽! 까악~' 하는 굉음이 들리더니 파출부의 숨찬 소리가 다시 이어졌다.

파출부 : 시키는 대로 했어요, 둘 다 기절했는데 이젠 어떻게 하죠?

남자 : 잘했습니다. 거실 오른쪽 구석에 다용도실이 보이죠? 그 안에 끈이 있으니 가져다가 두 사람을 묶어두세요.

파출부 : (한참 후,) 이 집엔 다용도실 없는데요?

남자 : 거기 482-040⋯⋯아닌가요?

파출부 : 헉! 여기는 481-040⋯⋯

여보! 저예요

어떤 부인이 은행출납계에 와서 수표를 바꿔달라고 했다.

직원 : 수표 뒷면에 성함과 전화번호를 적어주세요.

부인 : 수표 발행자가 바로 제 남편이예요.

직원 : 네. 그렇습니까? 그래도 수표에 이서를 하셔야만 나중에 남편께서 이 수표를 누가 현금으로 바꿔갔는지 아시게 됩니다.

그제서야 알아들었다는 듯 부인은 고개를 끄덕이며 수표 뒷면에다 적었다.

"여보, 저예요."

젊은 여자의 쌩 쑈

젊은 여자가 휴가동안 호텔에서 지내게 되었다.

첫날, 그녀는 호텔 옥상에서 수영복만 입고 누워 선텐을 했다. 하루 종일 옥상으로 아무도 올라오지 않는 것을 보고, 다음 날에는 아예 아무 것도 걸치지 않은 채 그냥 엎드려 즐겼다.

그러자 지배인이 숨을 헐떡이며 뛰어 올라왔다.

"헉헉... 실례합니다. 손님~ 어제처럼 수영복을 입고 썬텐을 즐기시면 안되겠습니까?"

"왜요? 여긴 아무도 안 올라오고 보는 사람도 없는데요? 그리고 지금은 타월로 덮고 있고요. 근데 어제 수영복을 입은 건 어떻게 알았죠?"

"저, 그게... 여기 바닥의 검은 유리 아래가 호텔식당이거든요."

횡재

두 남자가 시골에서 차를 타고 가다가 고장이 났다.

밤이 늦은 시간이라 둘은 한 저택의 문을 두드렸다. 그러자 문이 열리고 과부가 나왔다.

"자동차가 고장났는데 오늘 하룻밤만 묵을 수 있을까요?"

과부는 허락했고 두 남자는 다음 날 아침 견인차를 불러 돌아갔다.

몇 달 후, 그중 한 남자가 자신이 받은 편지를 들고 다른 남자를 찾아갔다.

"자네, 그 날밤 그 과부와 무슨 일 있었나?"

"응, 즐거운 시간을 보냈지."

"그럼 혹시 과부에게 내 이름을 대줬나?"

"어, 그걸 어떻게 알았나?"

"그 과부가 며칠 전에 죽었다고 편지가 왔는데, 나에게 5억 원을 유산으로 남겨줬다네."

세 가지 소원

돈 많은 부자가 무료한 날이 계속되자 무언가 재미있는 일이 없을까 생각했다. 생각 끝에 그는 풀장에 식인 상어를 넣은 다음에 파티를 벌였다. 그리고 부자는 참석한 사람들에게 제의했다.

"이 풀장의 끝까지 헤엄쳐서 다녀오는 이에게 무엇이든 세 가지 소원을 들어주겠소."

부자의 제의에는 군침이 당겼지만 목숨이 소중하기에 선뜻 나서는 사람이 없었다. 그런데 갑자기 풍덩!하는 소리와 함께 건장한 청년 하나가 풀장에 뛰어들더니 풀장 끝까지 헤엄쳐 갔다가 왔다. 부자는 속으로 '역시 젊은이라 용기가 있네!' 하고 생각하며 물었다.

"첫 번째 소원이 무엇인가?"

그러자 청년은 비장한 표정으로 대답했다.

"응접실에 걸린 엽총을 주십시오."

"그럼 두 번째 소원은 뭔가?"

"이 총에 맞는 탄환을 주십시오."

엽총과 탄환을 건네준 부자는 궁금해져서 마저 물었다.

"그래, 세 번째 소원은 무엇인가?"

젊은이가 버럭 소리를 질렀다.

"내 등 떠밀은 새끼들 다 나와!"